JN108724

基本
企業簿記

吉見 宏［編著］

BASIC BOOKKEEPING

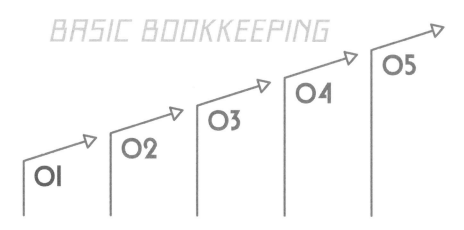

同文舘出版

まえがき

　本書で学ぶ複式簿記が，いつ生み出されたのは定かではない。複式簿記を含む数学書「スムマ」が，イタリア人ルカ・パチョーリにより著されたのが1494年，しかしそれを遡ること約200年前の13世紀終わりには，イタリアの商会で複式簿記を使った帳簿がつけられていた。そして，帳簿は残っていないが，13世紀の初頭には，複式簿記自体は発明されていたと推測されている。これらは，中世イタリアの経済発展と符合している。

　その後，会社の発達，経済のグローバル化を経ても，複式簿記はなくなっていない。複式簿記以外の会計計算の方法も，世界各地で提案されてきたが，結果的にはそれらが普及することはなかった。複式簿記を知ることは，人の営みを数値化する技術を得ることであり，その技術を持つ者は，特別な技能を持つ者として尊重されてきた。

　電卓の普及は，まずソロバンができなければ簿記が学べない，という制約をなくし，より多くの人々が簿記を学ぶことを可能にした。さらにITの発展は，大規模組織の会計計算で多くの手間を必要としてきた膨大な単純計算を劇的に省力化している。これは，ヒトが簿記を学ばなくてもよくなったことを意味しているのではなく，より多くの人々がより容易に簿記を学び，実務に就くことが可能になってきていることを意味している。

　簿記を学んでいくとわかることだが，簿記の計算の中には，たくさんのビジネス上の「判断」が入っている。判断は，簿記がどのようなプロセスでなされるのかを知らなければできない。だから，簿記を学んでビジネスの世界に入ろうという人は，むしろ増えている。

　本書は，そのような，これからビジネス，社会，そして経済の世界に入っていこうとする人が，簿記の世界の初めての手がかりとする本として編まれたものである。会計学との接点を念頭に置きつつ，技術としての複式簿記の基礎を学ぶことを狙いとしている。そのために，本書ではまず簿記の基本的な仕組みと概念を第1章から第3章までで解説している。その後，個別項目の考え方を

第4章から第19章において学び，基本的な財務諸表の作成ができるようになることを目指す。さらに第20章以降において，株式会社の連結財務諸表作成の基礎までを学ぶ。各章では，解説の後に設例を設けて簿記上の処理の理解を進める形になっているが，練習問題は設けていない。

これは，特に，日本で簿記を学ぼうとするときには，その「資格」として普及している日本商工会議所の簿記検定試験（日商簿記検定）の受験を考える人が多いこととも関係する。練習問題は，それらを使った方が望ましいことが多いためである。本書では，日商簿記検定の試験範囲も意識された編集になっている。具体的には，本書は日商簿記検定の3級および2級の商業簿記の範囲を網羅している。本書中，2級の範囲に含まれる項目には，のアイコンを付しているので，3級を受験しようとする場合には，このアイコンの付されていない項目を学べばよいことになる。学習の参考にしてほしい。

本書の刊行にあたっては，出版をお引き受けいただいた同文舘出版株式会社，および同専門書編集部の大関温子氏には大変お世話になった。記して謝意を表したい。

2020年6月

執筆者を代表して

吉見　宏

第10章 固定資産（1）——固定資産の基礎

第11章 固定資産（2）——リースと外貨建取引

第17章 決算整理（3）──固定資産の減価償却と償却

第18章 決算整理（4）──費用・収益の期末処理と税効果会計

第19章 財務諸表

第20章 株式会社会計

第21章 本支店会計

第22章 連結財務諸表

● 第 1 章 ●

簿記の基本

---

[1] なぜ簿記を学ぶのか

　初めて会計学を学ぶとき，簿記はその入口となる。つまり簿記は，会計学を学ぼうとする人が，初めて触れるものになる。

　では，なぜ始めに簿記を学ぶのだろうか。そもそも会計学は，お金の計算を通じて経営や経済を探る，という視点をもっている。人類は，「儲ける」ことで豊かになっていく。山に自然になっている果物を動物が食べても，動物は豊かにならない。しかし人間がそれをとって，他人に売れば，「儲け」が出てくる。そしてそれを積み重ねれば，人間は豊かになっていく。それが，動物と人間の違いである。

　「儲け」は端的には利益と呼ばれる。しかしその利益は，ものさしや秤では測れない。それを測る方法が簿記である。資本主義経済社会では，主に利益を稼ぐのは営利を目的とする企業である。だから，簿記をもっぱら使うのは営利企業ということになる。営利企業で稼がれた利益がまとまって国全体の利益（国富，あるいは国民所得）となり，それがさらにまとまれば，地球全体の利益となることになる。

　このことからわかるように，簿記を学ぶことは，お金の流れを通じて経済，そして社会を分析するという，会計学の基礎になる。また，簿記を学ぶ中では，多くの経営上の専門用語も学ばなければならないので，経営学を学ぶ，あるいは企業経営に関心がある人にとっても，重要な知識になる。

　一方で，簿記は計算のための技術であり，単なる知識ではない。簡単にいえば，「丸覚え」ができるものではない。それは，コンピュータについての用語を知っているからといって，プログラムが組めるわけではないことに似てい

る。それでもソフトやアプリを起動すれば，コンピュータを動かすことはできる。同じように，今は簿記のソフトウェアも市販されているので，簿記を学ばなくても，利益計算はできるのである。しかし，それではどうやって利益が計算されているかは理解できないので，会計や経営の構造を知り，その道の「プロ」になることはできない。

会計学を学んで，どうやって企業は利益を上げ，社会を豊かにし，人類が発展してきたのかを知ろう。その入口として，簿記を学び，会計，経営，経済の扉を開こう。

[2] 2つの利益計算方法

今，あなたが簡単な商売をすることを想定しよう。

①あなたは現金で 100 円をもっている。
②友人から現金で 50 円を借りた。
③そのうちから 120 円でジュースを買った。
④そのジュースを 140 円で売った。
⑤この結果，今手元には現金が 170 円ある。

(① 100 円 ＋② 50 円 －③ 120 円 ＋④ 140 円 ＝⑤ 170 円)

この商売で，あなたはいくら儲けただろうか。1 つの方法は，140 円で売ったジュースはもともと 120 円だったのだから，その差額が利益だと考える方法である。つまり，以下のような計算である。

④140円 －③120円 ＝20円 ……………………………………………… (1)

ところで，(1) の計算の根拠になったジュースは，今はもう手元にはない。手元にあるのは，商売の結果として残った現金 170 円だけである。もともと

もっていたお金との差額が儲けのはずだから，次のように利益を計算すること
もできる（もともともっていたのは100円だが，50円友人から借りており，こ
れは将来返さねばならないのだから，②も計算に入れねばならないことに注意
しよう）。

$$⑤170円 − （②50円 + ①100円） = 20円 \cdots\cdots\cdots\cdots\cdots\cdots\cdots\cdots\cdots\cdots\cdots （2）$$

　式（1）と（2）を比較すると，各々の計算で用いた数字（①〜⑤の金額）は，
全く異なることがわかる。このように，利益は2つの方法で，異なる側面に注
目して計算することができる。簿記では，④を**収益**，③を**費用**，⑤を**資産**，②
を**負債**，①を**純資産**と呼ぶ。これらは簿記では基本的な5つの要素である。な
おこれらは包括的な名称であり，実際にはそれぞれに多くの種類がある。ちな
みに，ここでの例では，④は売上，③は仕入，⑤は現金，②は借入金，①は資
本金と呼ばれる。

　資産は，企業等が事業を行うためにもっている財産である。現金や商品の
他，将来お金を受け取る権利である債権も資産の例である。負債は，借入金の
ように将来お金を支払わなければならない義務である債務が典型的な例であ
る。負債があれば，それは将来資産が減ることを意味する。

　一方，①の資本金は，自分で出した元手であるから，将来にわたって外部に
お金を返す（払う）必要はない。つまり，資本金は，それがあるからといって
将来資産が減ることを意味しない。このような，自らが出した元手は**資本**と総
称され，資本金はその代表的なものである。純資産は，資産から負債を引いた
差額を指し，それはほぼ資本と同義になるが，簿記では，資本でも負債でもな
い項目があり，これらも純資産に分類される。以上の関係を式で示せば以下の
ようになる。

　　　資産＝負債＋純資産
　　　純資産＝資本＋その他の差額など

費用は，利益を稼得するために使ってしまった資産部分を示し，結果として
それは純資産の減少を招く。一方，それにより企業等に入ってくるのが収益で
あり，それは純資産の増加を導く。これら5要素については，この後学習が進
んでいくにつれて詳しく説明していく。

[3] T字型勘定

前節では，便宜上＋，－，＝といったなじみのある演算記号を用いて説明し
たが，簿記ではこのような記号を使わずに計算する。それはなぜかといえば，
現在の簿記は少なくとも13世紀後半にはイタリアで用いられていたことがわ
かっているが，この時代にはまだ数学上，現在使われている演算記号はなかっ
たからである。それどころか，0（ゼロ）や，負の数（マイナス）の概念もな
かった。しかし，商売をするときには，利益が出る（プラス）とは限らず，損
失が出る（マイナス）こともあれば，収支トントン（ゼロ）ということもあ
る。前節では利益が出ることを前提に説明したが，実際には損失が出ることも
あるので，簿記では**損益**計算ができなければならなかった。そこで工夫された
のが，**勘定**と呼ばれる欄をつくって計算する方法である。勘定は，下記のよう
にシンプルなT字の形状をしており，**T字型勘定**とも呼ばれる。

これに前節の（2）式を入れてみると，以下のようになる。

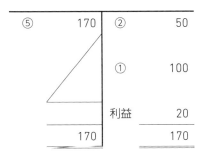

　勘定の左側には被減数，右側には減数が入っており，その差の 20 円は，左右の足りない方に書き込んで，左右の合計額が同額になることで計算の正しさを確認していることになる。一見してわかるように，ここでは一切の演算記号を使っていないが，答えは出せることになる。

　ところで，簿記では勘定の左側を**借方**，右側を**貸方**と呼ぶ。この用語は，現在ではその語源となった意味を失っており，左側に借りたものと書くとか，右側に貸したものを書くとかといった意味は全くないので，留意が必要である。

[4] T字型勘定での損益計算

　第 2 節でみたように，利益計算，あるいは損益計算には（1）式と（2）式の 2 つの方法がある。そしてそこで計算される損益は，必ず同じになる。このことを利用すると，以下のように書くことができる。

$$⑤170円 − (②50円 + ①100円) = ④140円 − ③120円$$

ここで，右辺を左辺に移項すると，（3）式のようになる。

$$⑤170円 − ②50円 − ①100円 − ④140円 + ③120円 = 0 \cdots\cdots\cdots (3)$$

これを T 字型勘定を使って書くと，以下のようになる。

⑤	170	②	50
		①	100
③	120	④	140
	290		290

　上記の T 字型勘定は，簿記で用いる 5 つの基本要素が，それぞれ増えたとき
に書く位置を示している。つまり，5 つの要素が発生したとき，T 字型勘定で
は⑤資産と③費用は借方に，②負債，①純資産と④収益は貸方に書き込むこと
で最終的には損益計算ができることになる。

　T 字型勘定の上部には，そこで何の計算をしているかを示す用語を書き込
む。これを**勘定科目**という。5 つの基本項目は，計算が進む中ではそれぞれ減
ることもあるので，それも反映させて，T 字型勘定での 5 つの基本要素の記入
ルールを示すと，以下のようになる。

資産		負債		純資産		費用		収益	
＋	－	－	＋	－	＋	＋	－	－	＋

　これは，この後簿記を学ぶ上での基本的なルールとなる。

第2章

複式簿記と決算

[1] 複式簿記

ここまで，簿記という用語で説明を進めてきたが，簿記にも様々な種類がある。たとえば，子供がつける「こづかい帳」や，家計簿も簿記の一種である。通常，これらは現金の増減に合わせてその増減の理由と金額を1つだけ書き込む。そのため，これらは**単式簿記**と呼ばれる。単式簿記では，今手元にある現金の残高や，そこに至った理由（何を買ったか）はわかるが，損益の計算には不便である。このため，損益を生まない，消費だけの計算をする場合（端的には，家計や地方自治体など）には便利であるが，営利企業の損益計算には不向きである。

これに対して，損益計算に向いた簿記として，**複式簿記**がある。複式簿記では，T字型勘定を使い，現金だけではなく5つの基本要素のいずれかに増減が生じたときに必ず2つの書き込みを行うことに特徴がある。

なお，複式簿記にも，様々な種類のものがある。具体的には，商業で使われる商業簿記，工業で使われる工業簿記，農業で使われる農業簿記などである。このうち，**商業簿記**は，原則として仕入れたものをそのままの形で売ることから，その損益獲得の過程は比較的シンプルである。このため，複式簿記を学ぶ際には，まず始めに商業簿記を学ぶ。本書で扱うのも，商業簿記であり，以下，本書での事業はすべて商業を念頭に説明される。

[2] 仕 訳

さて，複式簿記での損益計算プロセスを理解するにあたり，第1章の商売の例を，企業による商業に置き換えてみよう。

設例1 以下の仕訳をしなさい。

(1) 現金100円を出資して，東京商店を設立した。

(2) 宮城銀行から，現金50円を借り入れた。

(3) 商品Aを120円で仕入れた。

(4) 商品Aを140円ですべて売り上げた。

解答

(1) (借) 現 金	100	(貸) 資 本 金	100
(2) (借) 現 金	50	(貸) 借 入 金	50
(3) (借) 仕 入	120	(貸) 現 金	120
(4) (借) 現 金	140	(貸) 売 上	140

設例1の(1)～(4)は，簿記の5つの基本要素の増減を伴っている。これらは，簿記上の**取引**と呼ばれる。逆にいえば，簿記上の取引があったときにのみ，複式簿記に記入される。一般的なイメージの取引概念と，簿記上の取引とは必ずしも一致しない。たとえば，200円払うことを約束した，というような単なる契約だけの場合は，一般には取引というかもしれないが，この段階では資産である現金のやりとりはなく，他の簿記の基本要素にも増減がない。したがって，簿記上の取引とはならず，複式簿記への記入はない。これに対して，現金200円が盗難にあった，という場合には，一般的には取引とはいわれないであろうが，資産である現金の減少が発生しているため，簿記上の取引となって，複式簿記への記入が必要となる。

複式簿記では，1つの取引にあたってT字型勘定の借方と貸方の両方に必ず書き込む。この手続を**仕訳**と呼ぶ。またこのことから，複式簿記は**貸借複式簿記**とも呼ばれる。

解答の仕訳を見ると，第1章で示したT字型勘定への記入ルールに従っていることがわかる。すなわち，(1) は純資産である資本金が増えたので貸方，(2) では負債である借入金が増えたので貸方，(3) では費用である仕入が増えたので借方，(4) では収益である売上が増えたので貸方に記入されている。また，資産である現金は，(1) 〜 (4) の取引すべてで増減しているので，増えた場合には借方，減った場合には貸方に記入されている。このように，1つの取引で必ず借方，貸方の両面から簿記に記入するのが複式簿記の特徴である。

なお，商業においては，その売り物である商品が最も重要な利益の源泉であるため，商品に関する勘定は，仕入と売上に分け，さらに売れ残りが生じた場合には繰越商品という資産の勘定を設けて記録する。これを**三分法**というが，詳しくは第5章で説明する。なお，[設例1]では商品をすべて売り切っており，売れ残りは生じていないため，繰越商品勘定は使われない。

仕訳を記入するために用意される**帳簿**が，**仕訳帳**である。以下にその雛形を示す。なお本書では，仕訳は雛形の仕訳帳の様式ではなく，省略した形で記述していく。また，現在では基本的な仕訳はソフトウェアを用いてコンピュータ上で行われることが多く，手書きによる仕訳帳の作成は減少している。

仕 訳 帳

1

XX年	摘　　要	元丁	借　　方	貸　　方

> **設例 2** 以下の仕訳をしなさい。
>
> (1) 現金 100 円を出資して，東京商店を設立した。
> (2) 宮城銀行から，現金 50 円を借り入れた。
> (3) 商品 A を 1 個，120 円で現金で仕入れた。
> (4) 商品 A を 2 個，計 200 円で愛媛商店から掛で仕入れた。
> (5) 商品 A を 3 個，計 310 円で仕入れる契約をした。
> (6) 商品 A を 1 個，140 円で現金で売り上げた。
> (7) 商品 A の残りを，計 270 円ですべて群馬商店に掛で売り上げた。
>
> ┄┄┄┄┄┄┄┄┄┄┄┄┄┄┄┄┄┄┄┄┄┄┄┄┄┄┄┄┄┄┄┄┄┄┄┄
>
> **解答**
>
> | | | | | | | | | | |
> |---|---|---|---|---|---|---|---|---|---|
> | (1) | (借) | 現 | 金 | 100 | (貸) | 資 本 金 | | | 100 |
> | (2) | (借) | 現 | 金 | 50 | (貸) | 借 入 金 | | | 50 |
> | (3) | (借) | 仕 | 入 | 120 | (貸) | 現 | 金 | | 120 |
> | (4) | (借) | 仕 | 入 | 200 | (貸) | 買 掛 金 | | | 200 |
> | (5) | 仕訳なし | | | | | | | | |
> | (6) | (借) | 現 | 金 | 140 | (貸) | 売 上 | | | 140 |
> | (7) | (借) | 売 掛 金 | | 270 | (貸) | 売 上 | | | 140 |

　［設例 2］は，［設例 1］を少し現実の商品売買に近づけてみたものである。

　ここで（5）は，単なる約束であり，簿記上の取引ではないから，仕訳はない。また，企業同士の取引は，通常は掛，つまり「つけ」で売買されるため，商品売買の際に現金のやりとりはない。このとき，掛で売り上げた場合には債権（したがって資産）である売掛金，掛で仕入れた場合には債務（したがって負債）である買掛金勘定で処理する。なおこれらは第 6 章で詳述する。

[3] 元帳への転記

　複式簿記では，その最終目的の損益計算以外にも，それぞれの項目が今どれ

だけあるのか，つまりその**残高**を把握しておくことが重要な経営情報となる。このため，仕訳が一定程度蓄積されると，それを仕訳で利用した項目，すなわち勘定科目ごとに分類する。そのための帳簿を**総勘定元帳**（または，略して**元帳**）といい，総勘定元帳には各勘定科目ごとに**勘定口座**が作られる。それぞれの勘定口座には，わかりやすいように整理番号（**丁数**）が振られている。以下に元帳の雛形を示す。なお，本書では，以下元帳も簡略化したＴ字型で示していく。

総 勘 定 元 帳

現 金　　　　　　　　1

XX年	摘　　　要	仕丁	借　方	XX年	摘　　　要	仕丁	貸　方

売掛金　　　　　　　　2

XX年	摘　　　要	仕丁	借　方	XX年	摘　　　要	仕丁	貸　方

仕訳帳から総勘定元帳へ書き写すことを**転記**という。［設例2］の仕訳を元帳転記すると，以下のようになる。

現金		売掛金	
(1) 資本金　100	(3) 仕入　120	(7) 売上　270	
(2) 借入金　 50			
(6) 売上　140			

買掛金	
	(4) 仕入　200

借入金	
	(2) 現金　50

資本金	
	(1) 現金　100

仕入	
(3) 現金　120	
(4) 買掛金　200	

売上	
	(6) 現金　140
	(7) 売掛金　270

※上記には，説明のために (1) 〜 (7) の仕訳の番号を入れている。

　総勘定元帳の各勘定口座では，たとえば (1) の現金は現金勘定の借方に，資本金は資本金勘定の貸方にそのまま転記される。このとき，仕訳の相手であった勘定（相手勘定）とは分離されてしまうので，総勘定元帳の各勘定口座にはその相手勘定を書き込んでおく。現金勘定に，資本金などの勘定科目名が書き込まれているのは，仕訳したときのもともとの相手がどこの勘定口座に書き込まれているかを示しているのである。

[4] 決 算

複式簿記の日常の手続は，以下のような流れになる。

取引→仕訳→元帳

しかしこれだけでは，複式簿記の特徴であり，目的でもある損益計算はできない。それを行うのが**決算**である。

決算は毎日行うのではない。一定の**会計期間**を区切って，その期間内にいくらの損益となったのかを計算する。一般的には，会計期間は1年である。日本では，4月1日に始まり翌年3月31日を会計期間とする企業が多いが，外国企業は1月1日に始まり12月31日を会計期間とするものが多い。このとき，会計期間の最終日を**決算日**といい，この日の時点での企業の損益を計算することになる。

決算を毎日行わないのは，損益計算のために決算時だけに行う仕訳（**決算整理仕訳**）があり，それらの処理に一定の時間がかかるからである。つまり，決算日にただちに損益が計算できるわけではない。ただし，コンピュータの発達により，決算手続のために必要な日数は，短縮される傾向にある。

さて，決算の手続は，以下のような手順で行われる。

総勘定元帳
　→試算表の作成
　　→精算表の作成（決算整理仕訳と貸借対照表・損益計算書の作成）
　　　→総勘定元帳の締切

ここでは，［設例2］の元帳から，試算表を作成してみよう。

合計残高試算表

XX 年 3 月 31 日

借 方		勘 定 科 目	貸 方	
残 高	合 計		合 計	残 高
170	290	現　　　金	120	
270	270	売　掛　金		
		買　掛　金	200	200
		借　入　金	50	50
		資　本　金	100	100
320	320	仕　　　入		
		売　　　上	410	410
760	880		880	760

　ここで，勘定科目の左右の欄には，元帳の借方，貸方のそれぞれの合計額が書き写され，一覧表になっており，この部分は**合計試算表**と呼ばれる。ここから，貸借の差額を計算し，合計欄の更に左右に借方ないし貸方のいずれかの残高のみを書いた部分が**残高試算表**である。両者を合わせて，**合計残高試算表**と呼ばれる。

　次に，各勘定について，決算整理仕訳が必要になるが，それは第 15 章から第 18 章において詳述することとし，ここでは省略する。

　その後に行う損益計算は，第 1 章でみたように 2 つの方法で行われる。まず，試算表から費用と収益の項目を抽出すれば，その差額が損益となる。また，資産，負債，純資産の各項目の差額も，同額の損益となるはずである。前者の計算結果を報告用に表にしたものが**損益計算書**であり，一方で後者は**貸借対照表**と呼ばれる。そして端的には，複式簿記の目的は，貸借対照表や損益計算書を典型とする**財務諸表**を作成することにある。

　このプロセスをひとまとめにしたものが**精算表**である。［設例 2］では，決算整理仕訳はないが，これを加えるための修正記入欄がある **8 桁精算表**が用いら

精 算 表

XX年3月31日

勘定科目	残高試算表		修正記入		損益計算書		貸借対照表	
	借方	貸方	借方	貸方	借方	貸方	借方	貸方
現　　　金	170						170	
売　掛　金	270						270	
買　掛　金		200						200
借　入　金		50						50
資　本　金		100						100
仕　　　入	320				320			
売　　　上		410				410		
	760	760						
当 期 純 利 益					90			90
			0	0	410	410	440	440

れる。

　さて，貸借対照表と損益計算書ができたことで，利益を計算するという複式簿記の役割はほぼ果たせたのだが，総勘定元帳は借方，貸方それぞれの残高を試算表に書き写したままに残されているので，それぞれの勘定（T字型）をバランスさせて締め切る必要がある。

　そこでまず，費用と収益に属する各勘定から，それぞれの残高を**損益勘定**に移す（この移す手続を**振替**という）。するとその貸借差額は，損益となる。[設例2]では，利益90円が損益勘定で計算される。

　ここで計算された損益は，資本金勘定に振り替える。つまり，自分の努力で得られた利益は，自分に所属する元手である資本金を増やす（企業が大きくなる）ことを示している。もちろん，損失が出れば，逆に資本金が減ることになる。

現金			
資本金	100	現金	120
借入金	50		
売上	140	次期繰越	170
	290		290

売掛金			
売上	270	次期繰越	270
	270		270

買掛金			
次期繰越	200	仕入	200
	200		200

借入金			
次期繰越	50	現金	50
	50		50

資本金			
		現金	100
次期繰越	190	損益	90 ←
	190		190

仕入			
現金	120	損益	320
買掛金	200		
	320		320

売上			
損益	410	現金	140
		売掛金	270
	410		410

損益			
仕入	320	売上	410 ←
資本金	90		
	410		410

　一方で，資産，負債，純資産の各勘定の残高は，資産は借方に，負債と純資産は貸方にそれぞれ生じるので，その金額を，資産は貸方に，負債と純資産は借方に記入し，勘定科目の代わりに次期繰越と書いて貸借をバランスさせて締め切る。

　次期の期首には，次期繰越額と同額を反対側に記入して，前期繰越と書く。以上の資産，負債，純資産の勘定の締切の手順では，仕訳をしない。その意味では，複式簿記の基本ルール（仕訳をして，元帳に転記する）とは異なる簡便

法であり，英米諸国で行われていたことから**英米式決算法**という。現在は，通常は英米式決算法が用いられている。

第3章

企業と株式会社

[1] 企業とは何か

　人間が社会において生きていくためには，原則として，取引の媒介として用いられるお金が必要となる。現在の社会には，農業，漁業などの第1次産業から始まり，第2次産業の工業，さらには第3次産業のサービス業など，そこでの取引によってお金を生み出す生業（なりわい）が数多く存在する。

　このように，商売をする，すなわち業を企てる仕組みを，企業という。企業には，自然人である個人が行う企業と，法律上の人格をもたせて行う企業がある。個人が行う企業を，**個人企業**と呼び，法律上の人格をもたせて行う企業を**法人**と呼ぶ。

　法人は，一般には個人企業よりも規模が大きく，したがってより多くの資金が必要となる。そこで，法人には，その組織のもつ目的やお金の扱い方によって，複数種類の形態が存在する。まず，利益の稼得を目的として事業を行う法人（営利法人）があり，対して事業を通じて利益の稼得を目的としない法人（非営利法人）がある。営利法人のうち，日本では，特に会社法によって設立された企業を会社という。現在の日本の会社法においては，会社は合名会社，合資会社，合同会社，株式会社の4つのうち，いずれかの形態をもつことが定められている。

　なお，会社は，英語のcompanyを訳したものであるが，古くは，坂本龍馬が長崎で亀山社中を設立した際に，companyを社中と訳した例もある。亀山社中とは，江戸時代末期に，江戸幕府がそれまで行っていた鎖国政策をやめたことによって日本へともたらされた，諸外国の会社形態を参考として作られた武器の商社である。

また，会社法に規定されていない企業についても，その他の法律等で特定の形態をとっているものがほとんどである。たとえば，医療法人や学校法人，社団法人及び財団法人，特定非営利法人（NPO法人）や組合組織などがこれに含まれ，非営利法人はそのほぼすべてがこの例にあてはまる。

　以上の企業の種類をまとめると，以下のようになる。

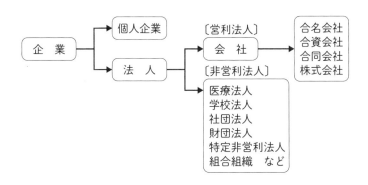

2 株式会社

　前節において挙げた日本の会社の4つの形態のうち，**株式会社**は，最も典型的な会社形態である。株式会社の特徴は，事業を行うために，株式と呼ばれる，会社の所有権を分割したものを発行して広く一般の人々に買ってもらう，つまり**出資**してもらうことで資金を集める会社である。すなわち，株式会社は，株式を所有する人々によって設立され，所有される会社である。

　株式会社は，1602年に設立されたオランダ東インド会社がその端緒といわれている。当時，イギリスをはじめとする欧州各国が，香辛料や茶葉などを求めて，アジアで植民地経営を行う政策をとっていた。しかし，大規模な植民地経営にあたっては，多額の資金を集める必要があった。そのため，多数の人々から資金を集める，今の株式会社に似た形式での資金調達が考案されたのである。このときの会社形態を改良して，産業革命以後に株式の発行をする現在の

形式が定着した。なお，日本では，明治期に欧州の法制度をまねて，商法（現在の会社法）が制定された。このときに，合わせて株式会社の形式が取り入れられた。

　現在の日本の制度上では，設立資金にあたる資本金が1円あれば，担当官庁への届け出により誰でも株式会社を設立することができる。そのため，株式会社は，法人の中では最もよく用いられる形態であるといえよう。

　出資者にあたる株式の所有者は，**株主**と呼ばれる。また，株式は，それ自体を自由に売買することができる。通常は，会社が直接株券の取引を行う，もしくは株主自身が株式を求める第三者と取引を行うといった方式で，株の売買が行われる。しかし，より円滑な取引のために，一定の基準を満たした株式会社の株式は，証券会社及び証券取引所を通じて販売することができる。証券会社及び証券取引所で株券を売ることを上場と呼び，上場している会社は，一般に上場会社と呼ばれる。上場会社は，株主やその他の資金調達元である債権者などに対して，会計上の情報を開示する義務が課されている。また，公認会計士による監査も必要とされている。上場会社である株式会社の仕組みを図にすると，以下のような関係となる。

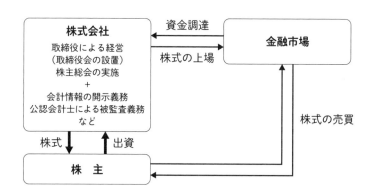

　また，株式会社は，出資した額の範囲内に責任が留まる，**有限責任**の会社である。有限責任とは，たとえ会社が破綻した場合でも，会社の借金返済等の責任は，出資した額の範囲内にとどまること，すなわち，最悪の場合でも出資し

た額をあきらめることでよしとされることである。

　ちなみに，これに対して，会社の借金などの債務返済に至るまで責任が生じることを，**無限責任**という。会社のうち，合名会社は社員全員が無限責任を負っており，合資会社は有限責任の社員と，無限責任の社員が混在する。

　そして，株式会社は，株主たちの投票及び承認の下で選ばれた経営者によって，実際の経営が行われる。経営者は取締役と呼ばれ，株主たちからの出資や，その他内外から委託された財産をもととして，事業を運営する。なお，株主たちが経営者の承認など，株式会社における重要な事項を決議する場を**株主総会**という。株主総会は，原則として1年に1回行われる。

　このとき，経営者は株主や，その他内外から委託された財産が，正しく運用されているかどうかを説明する必要がある。これを，**説明責任（アカウンタビリティ）**と呼ぶ。そこで，複式簿記を用いて，会社の財政状態を表す表として財務諸表を作成し，株主への報告に用いるのである。

　なお，以降の各章は，株式会社の会計を念頭に記述している。また，株式を取得し（買い入れ）た場合の仕訳については第9章，株式会社が株式を発行した場合については第20章で説明する。

• 第4章 •

現金・預金

[1] 現　金

　簿記では，お金の状況を記録するにあたり，紙幣や硬貨を勘定ごとに分けて区別することはせず，単に**現金**として扱う。また，以下に示したような，銀行等にもち込めばすぐに現金化できる**通貨代用証券**ですらも，簿記では現金と見なす。つまり，簿記でいう現金の範囲は，一般でいう現金よりも広い。

通貨代用証券の例：
他人振出の小切手・普通為替証書・定額小為替証書・株式配当金領収書・支払期日の到来した公社債の利札（りさつ）

　なお，自己振出の小切手については，現金とはならない。

[2] 現金勘定

　仕訳上，現金は，その増減を現金勘定（資産）で記録する。現金は資産の勘定なので，増加すれば借方に，減少すれば貸方に記入する。借方と貸方の差額が，現在手元にある（はずの）現金の残高となる。

現金

10,000	8,000
	（残高：2,000）

設例 1 以下の仕訳をしなさい。

(1) 鹿児島商店に商品を 50,000 円で売り渡し，代金は現金で受け取った。

(2) 旅費交通費 30,000 円を現金で支払った。

(3) 宮崎商店に商品を 40,000 円で売り渡し，代金は同店が振り出した小切手で受け取った。

解答

(1)	（借）	現　　　金	50,000	（貸）	売　　　上	50,000
(2)	（借）	旅費交通費	30,000	（貸）	現　　　金	30,000
(3)	（借）	現　　　金	40,000	（貸）	売　　　上	40,000

3 現金出納帳

　現金に関する取引が行われると，仕訳帳の他に，**現金出納帳**への記入を行う企業もある。現金出納帳には，現金の入出金や残高の状況などが記録される。

　現金出納帳のように，取引の明細を記入することにより，**主要簿**である総勘定元帳の記録を補う帳簿を**補助簿**という。なお，仕訳帳も主要簿である。

現金出納帳

月	日	摘　要	収入	支出	残高
10	1	前月繰越	250,000		250,000
	5	現金売上	100,000		350,000
	15	電気料金の支払		120,000	230,000
	25	売掛金の回収	200,000		430,000
	27	給料の支払		220,000	210,000
	31	次月繰越		210,000	
			550,000	550,000	
11	1	前月繰越	210,000		210,000

　上記の現金出納帳からは，10月中の現金残高の変動を読み取ることができる。10月1日に25万円の残高から始まり，4回の増減を経て，月末残高は21万円であった。なお，月末には，支出欄に次月への繰越額を朱書きする。

［4］現金過不足

　帳簿を見れば，現在の現金の残高がわかるはずである。ところが，諸事情により，帳簿上の現金有高と実際の現金有高が一致しない状況が起こる。このような場合，**現金過不足**が生じていることとなり，まずは帳簿上の有高を実際の有高へと修正する。この際，現金勘定の他に現金過不足勘定を使用する。その後，不一致の原因が判明したら，現金過不足勘定から本来の勘定へと振り替える。もし，決算日に至るまで不一致の原因が判明しなければ，これを**雑損**勘定（費用）もしくは**雑益**勘定（収益）で処理する。

・**設例2**　以下の仕訳をしなさい。・
　(1) 帳簿上の現金有高は，現金の実際有高よりも3,000円少なかった。

(2) 上記の不足のうち 2,000 円は，交通費の記入漏れであることが判明した。

(3) 不足のうち残り 1,000 円は，決算日になってもその原因が不明である。

解答

(1) （借）現金過不足　　　　　3,000　（貸）現　　　金　　　3,000

(2) （借）旅費交通費　　　　　2,000　（貸）現金過不足　　　2,000

(3) （借）雑　　　損　　　　　1,000　（貸）現金過不足　　　1,000

---

[5] 当座預金とその他の預貯金

　企業は，銀行預金口座として，普通預金口座の他に当座預金口座を利用することがある。当座預金とは，預金の一種であり，通常は小切手を用いてこれを引出す。**当座預金**勘定（資産）には，預け入れたときは借方，引出したときは貸方に記入する。また，当座預金出納帳（補助簿）への記入を行う企業もある。

　なお，複数の銀行と当座取引契約を結んでいる場合には，管理のため，当座預金勘定と銀行名を組み合わせた勘定科目を使用することもある。

設例3　以下の仕訳をしなさい。

　なお，銀行口座について口座種別と銀行名を組み合わせた勘定科目を使用する。

(1) 宮城銀行と当座取引を開始することとし，現金 90,000 円を預け入れた。

(2) 買掛金 30,000 円の支払として，小切手を振り出した。

(3) 大津銀行の普通預金口座から高崎銀行の普通預金口座へ，50,000 円を移動させた。

解答

(1)	（借）宮城銀行当座預金	90,000	（貸）現		金	90,000
(2)	（借）買 　　 掛 　　 金	30,000	（貸）宮城銀行当座預金			30,000
(3)	（借）高崎銀行普通預金	50,000	（貸）大津銀行普通預金			50,000

［6］ 銀行勘定調整表

　企業（当社）で記録した預金残高と，銀行で記録した預金残高が一致しない場合，決算時や月末などに**銀行勘定調整表**を作成してその原因を追求し，正しい残高となるように調整する。ここでは，その作成方法のうち両者区分調整法を学ぶ。

銀行勘定調整表

単位：円

当社の帳簿残高	200,000	銀行の残高証明書残高	220,000
（加算）		（加算）	
未渡小切手	40,000	未取立小切手	60,000
（減算）		（減算）	
売掛金誤記入	10,000	未取付小切手	50,000
	230,000		230,000

　未渡小切手とは，小切手を振り出し，すでに預金の減少として記帳したにも関わらず，実際はまだこれを渡していないことが判明した小切手のことである。

　未取立小切手とは，他人振出小切手を銀行にもち込み，すでに預金の増加として記帳しているものの，銀行がまだ小切手代金の取立をしていなかった状態

の小切手のことである。

未取付小切手とは，取引先に小切手を振り出し，すでに預金の減少として記帳しているものの，相手先がまだ銀行にもち込んでいない状態の小切手のことである。

以上のように，当社と銀行それぞれの残高を加算・減算しながら本来の残高（230,000円）を突き止める。

なお，当社の未記入や誤記入については修正の仕訳が必要となる。

設例 4　決算時に必要な以下の仕訳をしなさい。

(1) 決算日に現金 10,000 円を当座預金口座に預け入れたが，銀行はこれを翌日の入金として処理していた。

(2) 未払金の支払として，小切手 20,000 円を振り出していたが，これを誤って 40,000 円と記入していたことが判明した。

解答

(1) 仕訳なし

(2) (借) 当 座 預 金　　　20,000　(貸) 未 払 金　　　　20,000

［設例 4］の（1）は，当社の未記入ではないので，当社の帳簿を修正する必要はない。なお，仮に銀行勘定調整表を作成するのであれば，「銀行の残高証明書残高」の加算欄に翌日付預入分として記すことになる。（2）の帳簿上の当座預金残高は，実際よりも 20,000 円少なくなっているので，これを正す。なお，仮に銀行勘定調整表を作成するのであれば，「当社の帳簿残高」の加算欄に誤記入として記すことになる。

7 小口現金

企業の会計係が，小口現金係（用度係）に対して小切手を前渡しし，小口現

金係はこれを現金化してタクシー代や文房具などの少額の支払に当てる。小口現金係は，一定の期間の後に，会計係に対して支払状況の報告を行う。報告を受けた会計係は，再び小切手を手渡し，小口現金の補充がなされる。以上のような**小口現金**に関する仕組みを，**定額資金前渡法**という。

　小口現金は，小口現金勘定（資産）において記録する。

設例5　以下の仕訳をしなさい。

　なお，当社は定額資金前渡法を採用している。
(1) 9月1日　小切手 60,000 円を用度係に渡した。
(2) 9月30日　用度係より，費用の支払について，以下の報告を受けた。
　　なお，会計係はただちに同額の小切手を渡し，小口現金の補充をした。

旅費交通費	12,600 円
通信費	16,200 円
雑費	5,700 円

- -

解答
(1)	（借）小 口 現 金	60,000	（貸）当 座 預 金	60,000
(2)	（借）旅費交通費	12,600	（貸）小 口 現 金	34,500
	通 信 費	16,200		
	雑　　　費	5,700		
	小 口 現 金	34,500	当 座 預 金	34,500

---

8 小口現金出納帳

　小口現金係は，小口現金出納帳（補助簿）を用いて，小口現金の増減を管理することがある。設例5をもとに，例を示せば以下のようになる。

小口現金出納帳

受入	月	日	摘 要	支払	内 訳		
					旅費交通費	通信費	雑費
60,000	9	1	小切手の受入				
		7	タクシー代	12,600	12,600		
		15	切手代	16,200		16,200	
		24	お茶代	5,700			5,700
			合計	34,500	12,600	16,200	5,700
34,500		30	小切手の受入				
		〃	次月繰越	60,000			
94,500				94,500			

第5章 商　品

[1] 三分法

　商品の勘定への記入法には，分記法，三分法などがある。ここではすでに第2章において学んでいる**三分法**をさらに発展させていく。

　三分法では，商品の取引について，**売上勘定**（収益），**仕入勘定**（費用），**繰越商品**勘定（資産）の3つに分けて記録される。商品を仕入れたときは，その原価を仕入勘定の借方に記入し，商品を売り上げたときは，その売価を売上勘定の貸方に記入する。売買損益は期末になって棚卸（たなおろし）という期末有高の確定を経て計算される。

　売上による利益（**売上総利益**）は，以下のように求められる。

　　　売上総利益＝売上高－売上原価

　ここで，売上高は売上勘定で計算されるが，**売上原価**（売れた商品の原価）がわからなければ売上総利益は求められない。

　　　売上原価＝期首商品棚卸高＋仕入高－期末商品棚卸高

　期首商品棚卸高とは，前期の商品の余り（売れ残り）であり，これは当期に新たに仕入れた商品（仕入勘定の額）と合わせて販売することになる。当期に売れた商品の原価は，ここから当期末に余って次期に繰り越される商品の額（**期末商品棚卸高**）を引くことで求められる。

　売上原価の計算は，勘定においては仕入勘定で計算される。

設例 1 以下の仕訳をしなさい。

期首商品棚卸高は 7,000 円で，売上原価は仕入勘定で計算する。

(1) 商品（原価 13,000 円）を仕入れ，代金は現金で支払った。

(2) 商品（売価 15,000 円）を売り上げ，代金は現金で受け取った。

(3) 決算整理を行った。期末商品棚卸高は，10,000 円である。

解答

(1)	(借) 仕 入	13,000	(貸) 現 金	13,000
(2)	(借) 現 金	15,000	(貸) 売 上	15,000
(3)	(借) 仕 入	7,000	(貸) 繰 越 商 品	7,000
	(借) 繰 越 商 品	10,000	(貸) 仕 入	10,000

[2] 仕入諸掛と販売諸掛

仕入原価には，商品の仕入に要した引取運賃，保管費などの仕入諸掛も含める。他方，商品の引渡の際に生じる荷造費や運賃のような販売諸掛は，当方が負担するときには**発送費**勘定（費用）を用いるが，先方の負担を一時立て替えるときには，**立替金**勘定（資産，第 7 章で後述する）などで処理する。

設例 2 以下の仕訳をしなさい。

(1) 商品 46,000 円を掛で仕入れた。なお，引取運賃 4,000 円は現金で支払った。

(2) 商品 14,000 円を掛で売り上げた。なお，発送費用 2,000 円は当方の負担であり，現金で支払った。

(3) 商品 62,000 円を掛で売り上げた。なお，荷造費及び運送費の合計 3,000 円は先方の負担なので，立て替えて現金で支払った。

解答

(1)	(借) 仕　　　入	50,000	(貸) 買　掛　金	46,000
			現　　　金	4,000
(2)	(借) 売　掛　金	14,000	(貸) 売　　　上	14,000
	発　送　費	2,000	現　　　金	2,000
(3)	(借) 売　掛　金	62,000	(貸) 売　　　上	62,000
	立　替　金	3,000	現　　　金	3,000

［3］返　品

　仕入戻しは商品の品違い，傷，汚れなどにより，いったん仕入れた商品を返品することであり，**売上戻り**は同様の理由で，いったん販売した商品が返品されることである。返品が行われたときは，仕入や売上が行われたときの仕訳の，借方と貸方を逆にした仕訳（貸借逆仕訳）をして，取引を取り消す処理を行う。

［4］　割　戻

　仕入割戻（わりもどし）は，仕入先から一定額以上の商品を仕入れた後に，仕入代金の一部を減額してもらうことであり，**売上割戻**（わりもどし）は，得意先へ一定額以上の商品を売り上げた後に，売上代金の一部を減額することである。いずれも貸借逆仕訳を行うが，商品自体は移動しない。

仕入		売上	
	仕入戻し		売上戻り
	仕入割戻		売上割戻

設例3 以下の仕訳をしなさい。

(1) 得意先香川商店に掛で売り上げた商品の一部 5,000 円が品違いのため返品された。

(2) 得意先愛媛商店には一定額以上を売り上げた後，約束どおり 1,000 円を減額した。

(3) 高知商店から一定額以上の商品を仕入れた後，約束どおり 2,000 円減額してもらった。

解答

(1)	(借)	売	上	5,000	(貸)	売	掛	金	5,000
(2)	(借)	売	上	1,000	(貸)	売	掛	金	1,000
(3)	(借)	買	掛	金	2,000	(貸)	仕	入	2,000

5 　割　引

　仕入割引とは，決済期日前のあらかじめ定められた一定期間内に掛代金の支払を行った場合，仕入先から利息相当額を掛代金から減額してもらうことであり，同様に，**売上割引**とは，決済期日前のあらかじめ定められた一定期間内に掛代金の受取を行った場合，得意先へ利息相当額を掛代金から減額することである。この割引は財務活動に起因するものとされ，売上割引（費用）は，後述（第19章）の損益計算書の「営業外費用」の区分に表示され，仕入割引（収益）は損益計算書の「営業外収益」の区分に表示される。

設例4 以下の仕訳をしなさい。

(1) 代金を 10 日以内に現金で支払えば 10% 割り引くという条件で，商品 50,000 円を掛で仕入れた。

(2) 代金を 10 日以内に現金で支払い，約束どおりに割り引かれた。

(3) 代金を 1 週間以内に現金で受け取れば 5% 割り引くという条件で，商

品80,000円を掛で売り上げた。

(4) 代金を1週間以内に現金で受け取り，約束どおりに割り引いた。

解答

(1)	(借) 仕　　入	50,000	(貸) 買　掛　金	50,000	
(2)	(借) 買　掛　金	50,000	(貸) 現　　　金	45,000	
			仕　入　割　引	5,000	
(3)	(借) 売　掛　金	80,000	(貸) 売　　　上	80,000	
(4)	(借) 現　　　金	76,000	(貸) 売　掛　金	80,000	
	売　上　割　引	4,000			

[6] 仕入帳と売上帳

　仕入帳は，仕訳に仕入勘定を用いた際に，何をどこからどの程度仕入れ，代金はどのように支払うかなど，仕入取引の詳細を記録する補助簿である。同様に，**売上帳**は，仕訳に売上勘定を用いた際に，何をどこへどの程度売り上げ，代金はどのように受け取るかなど，売上取引の詳細を記録する補助簿である。

設例5 以下の仕訳をしなさい。

(1) 8月22日，大分商店より商品2,000円（20個，@100円）を掛で仕入れた。

(2) 8月23日，大分商店より仕入れた商品のうち，品違いが2個あったため返品した（掛代金と相殺）。

(3) 8月26日，別府商店へ商品1,500円（10個，売価@150円）を掛で売り上げた。

(4) 8月27日，別府商店へ売り上げた商品のうち汚損が1個あったため30円値引いた（掛代金と相殺）。

解答

(1)	(借) 仕　　　入	2,000	(貸) 買　掛　金	2,000
(2)	(借) 買　掛　金	200	(貸) 仕　　　入	200
(3)	(借) 売　掛　金	1,500	(貸) 売　　　上	1,500
(4)	(借) 売　　　上	30	(貸) 売　掛　金	30

　仕入帳と売上帳の記入方法を［設例5］により例示すると，以下のようになる。

仕　入　帳

XX年		摘　要	内　訳	金　額
8	22	大分商店　　　　　掛仕入		
		A商品　　20個　　@100		2,000
	23	大分商店　品違いのため返品（掛代金と相殺）		
		A商品　　2個　　@100		△200

売　上　帳

XX年		摘　要	内　訳	金　額
8	26	別府商店　　　　　掛売上		
		B商品　　10個　　@150		1,500
	27	別府商店　汚損のため値引き（掛代金と相殺）		
		B商品　　1個　　@30		△30

[7] 分記法

分記法では，商品の取引について，**商品**勘定（資産）と**商品売買益**勘定（収益）の２つに分けて記録される。

商品を仕入れたときは，その原価を商品勘定の借方に記入し，商品を売り上げたときは，その原価（売上原価）を商品勘定の貸方に記入し，受け取った代金（売価）との差額を，商品売買益勘定の貸方に記入する。

設例6 分記法を用いて以下の仕訳をしなさい。
(1) 商品（原価13,000円）を仕入れ，代金は掛とした。
(2) 商品（売価15,000円，原価10,000円）を売り上げ，代金は現金で受け取った。

- -

解答

(1)	（借）商	品	13,000	（貸）買	掛	金		13,000
(2)	（借）現	金	15,000	（貸）商		品		10,000
				商品売買益				5,000

---

[8] 売上原価対立法

売上原価対立法では，商品の取引について，**商品**勘定（資産），**売上**勘定（収益），**売上原価**勘定（費用）の３つに分けて記録される。

商品を仕入れたときは，その原価を商品勘定の借方に記入し，商品を売り上げたときは，その売価を売上勘定の貸方に記入し，その原価を売上原価勘定の借方に記入するとともに商品勘定の貸方に記入する。

設例7 売上原価対立法を用いて以下の仕訳をしなさい。

(1) 商品（原価 13,000 円）を仕入れ，代金は掛とした。

(2) 商品（売価 15,000 円，原価 10,000 円）を売り上げ，代金は現金で受け取った。

解答

(1)	(借)	商　　　品	13,000	(貸)	買　掛　金		13,000
(2)	(借)	現　　　金	15,000	(貸)	売　　　上		15,000
		売 上 原 価	10,000		商　　　品		10,000

第6章

売掛金と買掛金

[1] 掛による取引

　商品を売買する際に，代金をその場で支払ったり受け取ったりせず，後日決済することがある。いわゆる「つけ」で売買するわけであるが，このような取引を，掛による商品売買という。商品を掛で売り上げたときは**売掛金**（債権）が生じ，逆に，商品を掛で仕入れたときは**買掛金**（債務）が生じる。このとき注意しなければならないのは，売掛金勘定や買掛金勘定が生じるのは通常の営業にかかわる場合，すなわち，あくまでも商品を売買した場合に限られることである。営業外の物品を後払いで売買した場合には，**未収入金**勘定（資産），**未払金**勘定（負債）（いずれも第7章で後述）で処理される。

　掛による取引は，われわれの日常生活ではほとんど行われないが，企業間で商品が売買される場合には，掛による取引がむしろ普通の取引形態である。したがって，売価を設定する際には掛による販売を想定して，決済日までの利子分を加味した価格をつけ，実際には掛でなく現金で販売された場合や決済予定日前に決済された場合には，それに対応する分の割引を行うことが多い。

[2] 売掛金

　売掛金が生じた場合には，売掛金勘定（資産）の借方に記入する。また，回収などによって売掛金が減少した場合には売掛金勘定の貸方に記入する。

設例1 以下の仕訳をしなさい。

(1) 7月24日，佐賀商店は長崎商店に商品50,000円を販売し，代金は掛とした。

(2) 7月27日，佐賀商店は長崎商店に対する売掛金のうち30,000円を現金で回収した。

解答

(1) (借) 売　掛　金	50,000	(貸) 売　　　上	50,000
(2) (借) 現　　　金	30,000	(貸) 売　掛　金	30,000

売掛金管理のために，総勘定元帳の売掛金勘定とは別に，補助元帳である**売掛金元帳**を得意先別に作成することがある（**得意先元帳**ともいう）。これは取引先が多い企業にとっては，特に必要である。売掛金勘定からは，売掛金の総額は知ることができても，個々の得意先別の売掛金の金額までは知ることができない。そこで，個々の得意先ごとに勘定を設けて，これらの勘定にそれぞれの売掛金の増減を記帳することになる。

売掛金元帳に総勘定元帳の売掛金勘定と二重に記帳することで，両者を照合して誤謬の有無を確認することもできる。［設例1］を売掛金元帳に記入した例を示せば，次のようになる。

売掛金元帳

長崎商店

XX年		摘　要	借　方	貸　方	借/貸	残　高
7	1	前期繰越	20,000		借	20,000
7	24	掛売上	50,000		借	70,000
	27	現金で回収		30,000	〃	40,000
	30	次期繰越		40,000		
			70,000	70,000		
8	1	前期繰越	40,000		借	40,000

また，得意先別に売掛金の残高がわかるようにした明細表のことを売掛金明細表という。［設例1］をもとに作成すると，以下のようになる。

	売掛金明細表	
	7月1日	7月30日
長崎商店	20,000円	40,000円

[3] 買掛金

　買掛金が生じた場合には，**買掛金**勘定（負債）の貸方に記入する。また，支払などによって買掛金が減少した場合には買掛金勘定の借方に記入する。

設例2　以下の仕訳をしなさい。

(1) 7月24日，長崎商店は佐賀商店から商品50,000円を仕入れ，代金は掛とした。

(2) 7月27日，長崎商店は佐賀商店に対する買掛金のうち30,000円を現金で支払った。

解答

(1) （借）仕　　　入　　　　50,000　（貸）買　掛　金　　　　50,000
(2) （借）買　掛　金　　　　30,000　（貸）現　　　金　　　　30,000

　売掛金元帳と同様に，補助元帳として**買掛金元帳**を仕入先別に作成することがある（**仕入先元帳**ともいう）。［設例2］を買掛金元帳に記入した例を示せば，次のようになる。

買掛金元帳

佐賀商店

XX年		摘　要	借　方	貸　方	貸借	残　高
7	1	前期繰越	20,000		貸	20,000
7	24	掛仕入		50,000	貸	70,000
	27	現金で支払	30,000		〃	40,000
	30	次期繰越	40,000			
			70,000	70,000		
8	1	前期繰越	40,000		貸	40,000

　また，仕入先別に買掛金の残高がわかるようにした明細表のことを買掛金明細表という。［設例1］をもとに作成すると，以下のようになる。

買掛金明細表

	7 月 1 日	7 月 30 日
佐賀商店	<u>20,000 円</u>	<u>40,000 円</u>

[4] クレジット売掛金

　通常の掛取引では得意先別に売掛金元帳を作って掛代金の回収をするが，当店が顧客へクレジットカ　ドにより商品を販売した場合，信販会社を介して代金を回収することとなる。顧客の代わりに信販会社が当店に代金を支払い，顧客は信販会社に後払いするのである。

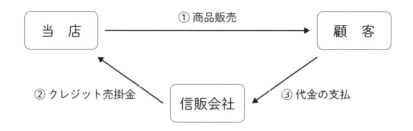

原則として，通常の売掛金とは区別して，クレジットカードにより商品を販売した場合は**クレジット売掛金**勘定（資産）の借方に記入する。また，クレジットカードの利用に伴う信販会社への手数料支払額は，商品の販売時に**支払手数料**勘定（費用）の借方に記入する。

設例3 以下の仕訳をしなさい。

(1) 熊本商店に商品50,000円をクレジットカードにより販売した。なお，信販会社へのクレジット手数料は販売代金の2%であり，販売時に計上する。

(2) 上記取引について，信販会社から2%の手数料を差し引いた額が当店の当座預金口座に入金された。

解答

(1)（借）クレジット売掛金　49,000　（貸）売　　　　　上　50,000
　　　　　支　払　手　数　料　　1,000
(2)（借）当　座　預　金　49,000　（貸）クレジット売掛金　49,000

信販会社へのクレジット手数料を，入金時に計上する方法もある。その場合，［設例3］の仕訳は以下のようになる。

(1)（借）クレジット売掛金　50,000　（貸）売　　　　　上　50,000
(2)（借）当　座　預　金　49,000　（貸）クレジット売掛金　50,000
　　　　　支　払　手　数　料　　1,000

第7章

その他の債権・債務

[1] 貸付金と借入金

　金銭を貸し付けたときは，債権の発生として**貸付金**勘定（資産）で処理する。金銭を借り入れたときは，債務の発生として**借入金**勘定（負債）で処理する。

　なお，会社の役員に対する貸付金と借入金は，**役員貸付金**勘定（資産）及び**役員借入金**勘定（負債）を用いて，通常の貸付金・借入金とは区別しておく。

設例1　以下の仕訳をしなさい。

(1) 銀行から，現金 50,000 円を借り入れた。

(2) 上記借入金を現金で返済した。

(3) 取引先に対し，現金 30,000 円を貸し付けた。

(4) 上記貸付金について，現金による返済を受けた。なお，利息として 1,000 円を現金で受け取った。

(5) 当社の役員から，現金 20,000 円を借り入れた。

(6) 当社の役員に対し，現金 15,000 円を貸し付けた。

解答

(1)	(借) 現　　　金	50,000	(貸) 借　入　金	50,000		
(2)	(借) 借　入　金	50,000	(貸) 現　　　金	50,000		
(3)	(借) 貸　付　金	30,000	(貸) 現　　　金	30,000		
(4)	(借) 現　　　金	31,000	(貸) 貸　付　金	30,000		
			受 取 利 息	1,000		

(5)（借）現　　金	20,000	（貸）役員借入金	20,000
(6)（借）役員貸付金	15,000	（貸）現　　金	15,000

[2] 未収入金と未払金

主たる営業活動における商品についての債権・債務は売掛金・買掛金として処理することはすでに学んだ。他方，主たる営業活動以外の活動から生じる債権・債務は**未収入金**勘定（資産）・**未払金**勘定（負債）を用いる。たとえば，小売業者が建物を購入し，代金を後払とした場合，この債務を未払金として扱う。

設例 2　以下の仕訳をしなさい。

なお，当社は百貨店業を営んでいる。

(1) 土地を 60,000 円で売却し，代金は月末に受け取ることとした。なお，売却損益は発生しない。

(2) 月末になり，上記代金を現金で受け取った。

(3) 建物を 50 万円で購入し，代金は翌月末に支払うこととした。

･･････････････････････････････

解答

(1)（借）未収入金	60,000	（貸）土　　地	60,000
(2)（借）現　　金	60,000	（貸）未収入金	60,000
(3)（借）建　　物	500,000	（貸）未　払　金	500,000

---

[3] 前払金と前受金

商品注文時に，商品代金の一部を手付金として前払することがある。この場合は，**前払金**勘定（資産）の借方に記入する。後日，実際に商品を受け取る

際，前払額を差し引いた残りの代金を支払う段階で，前払金勘定の貸方に記入してこれを消去することとなる。理由としては，商品代金を前払しているという状態が解消されることとなるから，と考えればよい。

　また，以上の取引は，商品を売る側の企業から見れば，代金を前受していることとなる。このときは，**前受金**勘定（負債）の貸方に記入する。前払金と同様，後日，前受している状態が解消されれば，消去のための仕訳を行う。

設例 3　以下の仕訳をしなさい。

(1) 商品 10 万円を注文し，手付金として 20,000 円を現金で支払った。

(2) 上記商品を受け取り，代金のうち 20,000 円は注文時に支払った手付金と相殺する。残額は掛とした。

(3) 商品 70,000 円について注文を受け，手付金として 10,000 円を現金で受け取った。

解答

(1)	（借）前　払　金	20,000	（貸）現　　　金	20,000
(2)	（借）仕　　　入	100,000	（貸）前　払　金	20,000
			買　掛　金	80,000
(3)	（借）現　　　金	10,000	（貸）前　受　金	10,000

---

［4］ 立替金と預り金

　一時的に金銭を立替払したときには，**立替金**勘定（資産）で処理する。逆に，一時的に金銭を預かったときには，**預り金**勘定（負債）で処理する。

　なお，従業員に給料を前貸ししたときには**従業員立替金**勘定で処理することもある。また，本来従業員が支払うべき税金などを給与から天引きしたときには**所得税預り金**勘定で，本来従業員が負担すべき保険料を給与から差し引く場合には**社会保険料預り金**勘定で処理することもある。

設例4 以下の仕訳をしなさい。──

(1) 商品 60,000 円を仕入れ，代金は掛とした。なお，仕入に際して引取運賃 3,000 円を支払ったが，これは先方が負担するはずの費用を一時的に立て替えたものである。

(2) 従業員に対する給料 80,000 円のうち，源泉徴収税額 8,000 円を差し引いた残額を現金で支払った。

(3) (2) の源泉徴収税 8,000 円を，現金で税務署に納付した。

解答

(1) (借) 仕	入	60,000	(貸) 買	掛	金	63,000
立	替	金	3,000			
(2) (借) 給		料	80,000	(貸) 現		金	72,000
				所得税預り金	8,000
(3) (借) 所得税預り金		8,000	(貸) 現		金	8,000

※所得税預り金は，預り金でもよい。

[5] 仮払金と仮受金

　現金の支払が確認されたもののその相手勘定が不明，もしくは正確な金額が不明である場合は，これを一時的に**仮払金**勘定（資産）で処理する。一方で，現金の受取が確認されたもののその相手勘定等が不明な場合には一時的に**仮受金**勘定（負債）で処理する。後日，不明な点が解消されたときには，適当な勘定に振り替える。

──　**設例5** 以下の仕訳をしなさい。──

(1) 社員の出張のため，旅費交通費の概算として 80,000 円を現金で渡した。

(2) 出張中の社員から現金 50,000 円が送付されてきたが内容は不明であ

る。

(3) 社員が帰社し，上記50,000円は出張中に売掛金を回収したものであることが判明した。また，この社員より，出張前に渡されていた80,000円のうち，60,000円を旅費交通費として使用し，余りの20,000円については現金での返却を受けた。

解答

(1)	(借)	仮 払 金	80,000	(貸)	現 金	80,000
(2)	(借)	現 金	50,000	(貸)	仮 受 金	50,000
(3)	(借)	仮 受 金	50,000	(貸)	売 掛 金	50,000
		旅費交通費	60,000		仮 払 金	80,000
		現 金	20,000			

6 受取商品券

自社以外の他社が発行した商品券を受け取った場合は，債権である**受取商品券**勘定（資産）に記入する。

• **設例6** 以下の仕訳をしなさい。•
(1) 商品50,000円を売り渡し，代金として他社発行の商品券を受け取った。
(2) 他社発行の商品券8,000円について，これを発行した大垣百貨店との間で精算し，当該金額は当社の当座預金口座に振り込まれた。

解答

(1)	(借)	受 取 商 品 券	50,000	(貸)	売 上	50,000
(2)	(借)	当 座 預 金	8,000	(貸)	受 取 商 品 券	8,000

[7] 債務の保証

債務を負う者（債務者）がその債務を返済できなくなった際に，債務者に代わって当該債務の支払を引き受ける。これを**債務保証**という。簡単にいえば，債務保証を行うということは，債務者が借金の返済不能に陥った際にはその借金の「肩代わり」をするという約束であると捉えてもよい。

債務の保証を行った者（保証人）にとって，これは現時点では自身の債務ではないが，将来の債務者の状況次第では自身の債務となる可能性もある。保証人は，このとき，**保証債務**勘定（負債）を用いて備忘記録を行うことがある。相手勘定は**保証債務見返**勘定（資産）である（対照勘定法）。

これらの仕訳は，債務が生じるかもしれないといういわば曖昧な状況が解消されれば，反対仕訳によって消去される。ここでいう曖昧な状況の解消とは，債務者が借金の返済を終えるか，逆に債務者が支払不能に陥り自身の債務が確定するかのいずれかと考えてよい。

設例7 以下の仕訳をしなさい。

(1) 名古屋商店の依頼により，同社が宇都宮銀行から借り入れた 50 万円についての保証人を引き受けた。

(2) 上記借入金について，名古屋商店が支払不能に陥ったため，宇都宮銀行に対し現金での支払を行った。

(3) かつて，岐阜商店の依頼により同社の借入金 30,000 円の債務保証を行い，これを対照勘定法で記録してあった。今般，銀行より連絡があり，当該債務は岐阜商店によって完済されたとのことであった。

······

解答

(1)（借）保証債務見返　　 500,000　（貸）保 証 債 務　　 500,000
(2)（借）未 収 入 金　　 500,000　（貸）現　　　　金　　 500,000
※後日名古屋商店に対してこれを請求する権利があるため，未収入金として処理する。

(3) （借）保 証 債 務　　　　30,000　（貸）保証債務見返　　　　30,000

[8] 差入保証金

　会社が，不動産を借りる際に，敷金などの保証金を差し入れることがある。敷金とは，賃貸借に関する借主の債務の担保として，借主が貸主に預け入れる現金等であると考えてよい。これは，通常，賃貸借終了後に償却されていない部分については返還されるため，支払家賃などの費用とは性質の異なるものである。敷金を差し入れたときは，**差入保証金**勘定（資産）で処理することとする。

設例 8　以下の仕訳をしなさい。

(1) 店舗の賃借にあたって，家賃の1ヶ月分である10万円及び敷金20万円を普通預金口座から振り込んだ。

(2) 上記賃借契約の解除にあたって，敷金の返還を受けた。返還にあたっては，修繕費50,000円を差し引いた残額が普通預金口座に振り込まれた。

....

解答

(1) （借）支 払 家 賃　　　100,000　（貸）普 通 預 金　　　300,000
　　　　差入保証金　　　200,000
(2) （借）修 　 繕 　 費　　　 50,000　（貸）差入保証金　　　200,000
　　　　普 通 預 金　　　150,000

第 8 章

手形と電子記録債権・債務

　主たる営業取引において，決済を**手形**で行う場合には，受取手形勘定と支払手形勘定を用いる。また，主たる営業取引以外の取引，たとえば固定資産の取得や売却などのような取引では，営業外受取手形勘定と営業外支払手形勘定を用いる。さらに，手形を用いたお金の貸し借りでは，手形貸付金勘定と手形借入金勘定を用いる。

　手形には**約束手形**と為替手形の2種類があり，約束手形の方が一般に流通している。現在では，電子化が進んでおり，従来の紙の手形から電子債権記録機関で記録される電子記録債権・債務が増えてきている。

[1] 受取手形と支払手形

1 受取手形勘定と支払手形勘定

　商品売買など，主たる営業取引に基づいて発生した手形については，代金を受け取る側は債権である**受取手形**勘定（資産）に，支払う側は債務である**支払手形**勘定（負債）に記入する。手形債権・債務の消滅は，反対側に記入する。

　受け取る側は，自社の取引銀行に手形の取り立てを依頼し，換金してもらうのが一般的である。この場合，多くは取引口座として当座預金が用いられる。

2 約束手形

　約束手形は，手形の振出人（支払人）が，手形の受取人に対し，将来の一定

の時期（満期日）に手形代金を支払うことを約束した証券である。

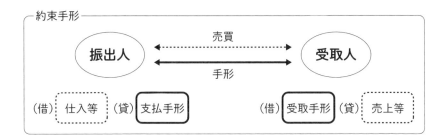

・ **設例1** 以下の仕訳をしなさい。・

　鹿児島商店は，東京商店から商品10万円を仕入れ，代金として手形を振り出した。後日，満期日に無事決済された旨，取引銀行から連絡があった。

解答

仕入側：鹿児島商店
　　取引発生日
　　（借）仕　　　　入　　　100,000　（貸）支 払 手 形　　　100,000
　　決　済　日
　　（借）支 払 手 形　　　100,000　（貸）当 座 預 金　　　100,000
販売側：東京商店
　　取引発生日
　　（借）受 取 手 形　　　100,000　（貸）売　　　　上　　　100,000
　　決　済　日
　　（借）当 座 預 金　　　100,000　（貸）受 取 手 形　　　100,000

3 ｜ 👣 裏書手形と割引手形

満期日の前に，受け取っていた手形を他の支払いに用いたり，銀行等で換金

したりすることがある。自社名を手形の裏面に書いて譲り渡した手形を**裏書手形**，金融機関で利息や手数料相当分を差し引かれて換金した手形を**割引手形**という。裏書人が割り引きに際して支払う手数料は，**手形売却損**勘定（費用）で処理する。

• **設例2** 以下の仕訳をしなさい。•━━━━━━━━━━━

東京商店は，静岡株式会社から商品25万円を仕入れ，代金を得意先である岡山商店からの同額の手形で支払った。

解答

（借）仕　　　入　　　250,000　（貸）受 取 手 形　　　250,000

受け取っていた手形を代金として譲り渡す場合，支払手段であっても支払手形ではなく，受取手形の減少となる。

• **設例3** 以下の仕訳をしなさい。•━━━━━━━━━━━

東京商店は，鹿児島商店振り出しの10万円の手形を，徳島銀行に持ち込んで売却した。割引料として500円を差し引かれ，手取金を当座預金とした。

解答

（借）当 座 預 金　　　99,500　（貸）受 取 手 形　　　100,000
　　　手形売却損　　　　 500

4 ┃ 🚶📶 手形の不渡りと更改

手形代金が期日に決済されなかった場合，**不渡り**になり，その手形は**不渡手形**（資産）となる。この場合，まず手形の振出人に代金を請求することになる。不渡りとなっても，ただちに回収不能で貸し倒れとなるわけではない。そ

の後回収できる場合もあり，また，それが裏書手形の場合には，手形の所持人は裏書人に遡求できるからである。回収できなかったことが確実となったら，回収不能額を貸し倒れとして処理する。

裏書人が手形所持人の償還請求に応じて振出人の代わりに支払った場合には，ただちに振出人に請求を行う。

設例 4 以下の仕訳をしなさい。

東京商店は，当期に福岡株式会社から仕入れた際に代金として裏書譲渡した同額の約束手形 50,000 円について兵庫商店より償還請求を受け，法定利息等 30 円とともに，小切手を振り出して支払った。東京商店は，ただちに振出人である愛知商会へ請求したが，後日，現金 5,000 円しか回収できず，残りを貸し倒れとして処理することにした。

解答

手形所持人・兵庫商店
　不渡り時
　　（借）不 渡 手 形　　　50,000　（貸）受 取 手 形　　　50,000
　回 収 時
　　（借）現　　　　金　　　50,030　（貸）不 渡 手 形　　　50,000
　　　　　　　　　　　　　　　　　　　　　受 取 利 息　　　　　30

裏書人・遡求された東京商店
　商品仕入時
　　（借）仕　　　　入　　　50,000　（貸）受 取 手 形　　　50,000
　請求に応じた日
　　（借）不 渡 手 形　　　50,030　（貸）当 座 預 金　　　50,030
　貸し倒れが確定した日
　　（借）現　　　　金　　　　5,000　（貸）不 渡 手 形　　　50,030
　　　　　貸 倒 損 失　　　45,030

更改とは，手形支払期日の延長のことをいう。手形には金額と支払期日が印字されており，訂正印での修正は無効となるため，古い手形を破棄して新しい手形を発行する必要がある。振出人が不渡りとなっても，裏書譲渡されている手形であれば他の譲渡人が遡求に応じて支払う可能性があるが，更改に応じた場合には新しい手形となり，旧裏書人から代わりの代金を受け取ることができなくなる。利息に関しては，期日延長に応じた利息を新手形に含める方法と，別にする方法がある。

5 | 手形記入帳

手形記入帳は，手形の受け取り，振り出し，引き受け，裏書譲渡や割り引き，決済などを記録する補助簿である。元帳の受取手形勘定や支払手形勘定のみでは内容が明らかにならない，手形の種類，番号，受取人や振出人，裏書人，振出日，満期日，金額，決済のてん末などを個別に記録しておくものである。それぞれ受取手形記入帳と支払手形記入帳が作成される。

設例5 次の取引について受取手形記入帳に記入しなさい。

5月1日 埼玉商店に商品10万円を販売し，代金として同店が振り出した約束手形（＃8）を受け取った。満期日は8月31日，支払場所は浦和銀行である。

8月1日 神奈川商店から商品10万円を仕入れ，代金として当店が振り出した約束手形（＃93）を振り出して支払った。満期日は12月30日，支払場所は横須賀銀行である。

8月5日 和歌山商店から売掛代金として，同店が振り出した80,000円の約束手形（＃5）を受け取った。満期日は10月25日，支払場所は紀伊銀行である。

8月25日 5日に和歌山商店から受け取っていた約束手形（＃5）を紀伊銀行へ売却した。手数料200円を差し引かれ，手取金を当座預金とした。

9月3日　5月1日に受け取っていた手形が無事に決済されていたことがわかった。

解答

受取手形記入帳

XX年		手形種類	手形番号	摘要	支払人	振出人裏書人	振出日		満期日		支払場所	手形金額	てん末		
							月	日	月	日			月	日	摘要
5	1	約手	8	売上	埼玉商店	埼玉商店	5	1	8	31	浦和銀行	100,000	8	31	決済入金
8	5	約手	5	売掛金	和歌山商店	和歌山商店	8	5	10	25	紀伊銀行	80,000	8	25	割引

支払手形記入帳

XX年		手形種類	手形番号	摘要	受取人	振出人	振出日		満期日		支払場所	手形金額	てん末		
							月	日	月	日			月	日	摘要
8	1	約手	93	仕入	神奈川商店	当店	8	1	12	30	横須賀銀行	100,000			

[2] 営業外受取手形と営業外支払手形

　主たる営業取引ではない取引の代金決済を手形で行う場合には，**営業外受取手形**勘定（資産）と**営業外支払手形**勘定（負債）を用いる。取引相手ではなく，自社にとって主たる営業か否かに留意して計上する。

設例6　以下の仕訳をしなさい。

　東京商店は，福島不動産に，経営上所有していた 80 万円で購入した土地を 100 万円で売却し，代金を手形で受け取った。福島不動産は，この土地をオリンピック後に顧客に販売する予定である。

解答

売却側：東京商店

(借) 営業外受取手形　1,000,000　(貸) 土　　　　地　　800,000

固定資産売却益　　200,000

仕入側：福島不動産

(借) 仕　　　　入　1,000,000　(貸) 支　払　手　形　1,000,000

　福島不動産にとって，販売目的の土地の売買は主たる営業に該たる。このため，東京商店にとって営業外受取手形であっても福島不動産では支払手形を用いる。

[3] 手形貸付金と手形借入金

　お金の貸し借りにあたり，借用証書の代わりに約束手形などが用いられることがある。このような手形は，[1] のような商取引に伴う商業手形に対し，金融手形と呼ばれており，**手形貸付金**勘定（資産）や**手形借入金**勘定（負債）を用いる。なお，これらは通常の貸し借りと同じように貸付金と借入金で処理することもある。

設例7　以下の仕訳をしなさい。

　東京商店は，秋田商店に 30 万円を貸し付け，同額の約束手形を受け取った。利息は支払時に受け取ることとし，小切手を振り出して渡した。

解答

貸付側：東京商店

(借) 手形貸付金　　　　300,000　(貸) 当 座 預 金　　　300,000

借入側：秋田商店

(借) 現　　　　金　　　300,000　(貸) 手形借入金　　　300,000

借入側では，貸付側が振り出した小切手を受け取ったら，現金で処理する。他人振出小切手は，簿記上の現金で記帳しているためである。もし，「ただちに当座預金に預け入れた」のであれば，当座預金を用いて仕訳を行ってよい。

[4] 電子記録債権と電子記録債務

電子記録債権と**電子記録債務**は，電子債権記録機関で記録される債権・債務である。債務者請求方式では，債務者が発生記録の請求を行う。債権者請求方式では，債権者が発生記録の請求を行う際に，債務者から承諾を得る必要がある。これらは，手形と同様に譲渡や割り引きが可能である。さらに，手形と異なり，分割が可能である。

電子記録債権を金融機関で割り引いてもらった場合の入金額との差額は，**電子記録債権売却損**（費用）に計上する。また，電子記録債権の期日前譲渡でも差が発生する場合がある。帳簿価格よりも低く譲渡した場合も，割り引きと同様に電子記録債権売却損勘定を用いて処理を行う。

なお，主たる営業取引に該当しない取引には，手形と同様に**営業外電子記録債権**勘定（資産）や**営業外電子記録債務**勘定（負債）を用いる。ただし，金銭の消費貸借については，電子記録を用いていても，貸付金と借入金で処理してよい。

設例8 以下の仕訳をしなさい。

　東京商店は，福島不動産に，経営上所有していた 80 万円で購入した土地を 100 万円で売却した。福島不動産は，取引銀行を通じてただちに電子記録債務の発生記録を行っている。

解答

売却側：東京商店

```
        （借）営業外電子記録債権  1,000,000  （貸）土        地    800,000
                                          固定資産売却益      200,000
   仕入側：福島不動産
        （借）仕        入  1,000,000  （貸）電 子 記 録 債 務  1,000,000
```

　設例8では，売却側の東京商店においては，土地の売却が主たる営業に該たらないため営業外電子記録債権勘定を用いるが，福島不動産にとって，土地は仕入勘定の相手勘定として電子記録債務勘定を用いて仕訳を行うことになる。

[5] 🚶 電子記録債権の譲渡

　電子記録債権は，手形の裏書と同様に，他者に譲渡することができる。

　かねて受け取っていた電子記録債権を他者へ譲渡するときには，電子記録債権が支払手段として貸方に記帳される。借方が仕入勘定の場合などには貸方を債務に関連する科目名に間違えやすい。手形や電子記録債権の取引を仕訳する際には，支払いの義務，受け取りの権利がいずれの会社のものであるか，図解してみると理解しやすい。

設例9 以下の仕訳をしなさい。

　東京商店は，仕入先栃木株式会社に対する買掛金100万円の支払いのため，取引銀行を通じて電子記録債権の譲渡記録を行った。

....

解答

仕入側：東京商店
```
     （借）買  掛  金  1,000,000  （貸）電子記録債権  1,000,000
```
販売側：栃木株式会社
```
     （借）電子記録債権  1,000,000  （貸）売  掛  金  1,000,000
```

第 9 章

有価証券

[1] 📊 有価証券の分類

　会計上の**有価証券**は，原則として，金融商品取引法に定義する有価証券に基づき，株式などの出資証券と公社債などの債券が該当する。ただし，信託受益権，円建BA（銀行引受手形）など金融商品取引法上の有価証券であっても会計上の有価証券に該当しないものや，国内CD（譲渡性預金）など金融商品取引法上の有価証券に該当しなくても有価証券に準じて取り扱われるものもある。本章では，会計上の有価証券を扱う。

　簿記で学ぶ有価証券は，保有目的等の観点から，次の4つに分類される。この分類に応じて，仕訳の際の勘定名，貸借対照表価額や評価差額等の期末処理方法，財務諸表における表示科目がそれぞれ定められている。

①売買目的有価証券

　時価の変動により利益を得ることを目的として保有する有価証券をいう。

②満期保有目的の債券

　企業が満期まで保有する意図をもって保有する社債その他の債券をいう。

③子会社株式及び関連会社株式

　子会社株式とは，財務及び営業または事業の方針を決定する機関（株主総会など）を親会社に支配されている会社の株式などをいい，関連会社株式とは，出資，人事，資金，技術，取引等の関係によって，財務及び営業または事業の方針の決定に他の企業から重要な影響を受ける会社（子会社を除く）の株式をいう。

④その他有価証券

　その他有価証券とは，売買目的有価証券，満期保有目的の債券，子会社株式

及び関連会社株式以外の有価証券のことをいう。長期的な時価の変動による利益獲得や業務提携等の目的で保有する有価証券が該当する。

[2] 🚶‍♂️ 有価証券の期中処理

1 | 取得

有価証券を購入によって取得したときには，取得原価（取得価額）で記帳を行う。取得原価には，購入した有価証券の購入代価に加えて，有価証券を取得するために支払った支払手数料などの付随費用を含める。

なお，国債や社債など債券の売買価額は，額面100円あたりの金額で示される。たとえば，社債（額面10万円）を@98円で購入した場合，10万円×98円／100円の98,000円が購入代価となる。

設例1 以下の仕訳をしなさい。

(1) 11月11日に，宮崎商会株式会社の株式1,500株を売買目的で1株につき88円（手数料込み）で株式市場で購入した。代金は後日支払うことにした。

(2) 翌日，新潟株式会社の社債（額面100万円，年利率8%，利息の支払日は年2回，5月25日及び11月25日）を売買目的で@95円で横浜証券を通じて購入した。その際，手数料2,800円を含めて現金で支払っている。本設例では端数利息を考慮しなくてよい。

· ·

解答

(1) （借）売買目的有価証券　132,000　（貸）未　払　金　132,000
(2) （借）売買目的有価証券　952,800　（貸）現　　　金　952,800

> **設例2** 以下の仕訳をしなさい。
>
> 　11月14日に，保有していた関連会社の岐阜商事の株式（昨年，1株500円で30,000株を購入，手数料込み）を，1株600円で30,000株追加で購入した。これにより，岐阜商事株式に関する当社の保有割合は60％となった。代金は手数料5,000円とともに小切手を振り出して支払っている。
>
> ---
>
> **解答**
>
> （借）子会社株式　33,005,000　　　（貸）当 座 預 金　18,005,000
> 　　　　　　　　　　　　　　　　　　　　関連会社株式　15,000,000

　[設例2] では，岐阜商事の株式は30％保有（重要な影響力）から60％保有（支配）となったため，関連会社株式から子会社株式への分類変更となり，昨年購入分の関連会社株式を子会社株式に修正する仕訳が必要となる。本設例のように複数の取引によって子会社化を達成する段階取得の場合には，個別財務諸表上は，個々の取引ごとの原価の合計額を子会社株式の取得原価とする。より上級で学習する連結財務諸表上は複雑な手続となる。

2 ｜ 利息及び配当の受け取り

　株式の**配当金**について，その株式が市場価格のある株式である場合には，原則として，配当落ち日（配当権利付き最終売買日の翌日）に，前期の配当実績または公表されている予想配当額に基づいて未収配当金を見積り計上する。配当金の見積計上額と実際配当額とに差異が判明した場合には，判明した会計期間にその差異を修正する。その株式が市場価格のない株式である場合には，発行会社の株主総会などで配当金に関する決議の効力が発生した日の属する会計期間に計上する。

　債券利息については，その利息計算期間（受渡日から起算）に応じて算定し，その会計期間に属する利息額を計上する。期末日に利払日が到来していな

い分に対応する当期の利息額は，未収利息として計上しなければならない。

　なお，支払期日の到来した公社債の利札及び株式配当金領収証は，いずれも簿記上の現金として処理する（第4章参照）。

→ **設例3** 以下の仕訳をしなさい。●────

　[設例1]の新潟株式会社の社債について，初回の利息日を迎えた。

- -

解答

（借）現　　　金　40,000　　　　（貸）有価証券利息　40,000

---

3 │ 売却

　有価証券を売却する場合，有価証券の取得原価＜売却額のときは差額を**有価証券売却益**勘定（収益）へ，取得原価＞売却額のときは差額を**有価証券売却損**勘定（費用）に記入する。同一銘柄を何度か購入し，それらの一部を売却した場合の取得原価は，移動平均法または総平均法によって算定する。

　なお，売却時の手数料は支払手数料となり，有価証券の取得原価に算入する購入時の手数料とは扱いが異なる。

　定期的に利息が支払われる債券が利払日以外の日に売買された場合は，買い手は売り手に，売買日までの**端数利息**を日割りで計算して支払う。他方，株式の配当金は，基準日に株主である者が受け取るものであるため，株式を売買しても端数利息は発生しない。

→ **設例4** 以下の仕訳をしなさい。●────

　長野商事は，7月20日に売買目的で高知株式会社の社債（額面50万円，年利7.3%，利払日は5月末と11月末）を@97円で宮城商店より購入した。代金は端数利息を含めて小切手を振り出して支払っている。なお売却時の宮城商店の簿価は40万円である。

購入側：長野商事

    （借）売買目的有価証券　485,000　（貸）当　座　預　金　490,000

        有 価 証 券 利 息　　5,000

売却側：宮城商店

    （借）現　　　　　　金　490,000　（貸）売買目的有価証券　400,000

                             有 価 証 券 売 却 益　 85,000

                             有 価 証 券 利 息　　5,000

　[設例 4]において，有価証券利息 5,000 円は，500,000 円 $\times$ 7.3% $\times \dfrac{30\,日 + 20\,日}{365\,日}$ によって算定する。

　簿記では，多くの場合（減価償却費，リース債務など）に月割りで計算するが，有価証券利息の端数利息は日割りで計算する。保有日数を 365 日で割るのである。[設例 4] の直近の利払日は 5 月末日であるため，端数利息の算定においては，翌日 6 月 1 日から売買日 7 月 20 日まで，6 月分 30 日と 7 月分 20 日の合計 50 日を分子とする。

　参考までに，買い手の長野商事の 11 月 30 日における有価証券利息の元帳は次頁のようになる。

有価証券利息　　　　　　　　6/1～11/30

6/1～7/20 (50日分) 宮城分 { 7/20　当座預金　5,000 | 11/30　現金　18,300 } 6/1～7/20 (50日分) 宮城分 7/21～11/30 (133日分) 長野分

　11月30日に利息を受け取るまでは，購入時の端数利息5,000円が有価証券利息勘定の借方に計上される。収益である有価証券利息勘定で借方残になるのは不自然にみえるかもしれないが一時的なことであり，11月30日の利息の受け取りによって解消される。問題文に売り手か買い手かが明示されていなくても，元帳や試算表から読み取ることができる。

設例5　以下の仕訳をしなさい。

　1回目@340円で1,000株，2回目@360円で1,000株を売買目的として購入していた大分株式会社の株式について，半分を@578円で売却した。代金は，後日，当座預金に振り込まれることになっている。なお，当社は，売買目的有価証券を総平均法で記帳している。

解答

(借) 未　収　入　金　578,000　　　(貸) 売買目的有価証券　350,000
　　　　　　　　　　　　　　　　　　　 有価証券売却益　228,000

　売却した大分株式会社の株式の単価は総平均法では，以下のように算定する。

$$\frac{(340円 \times 1,000株) + (360円 \times 1,000株)}{1,000株 + 1,000株} = @350$$

　したがって，売却時に計上される売買目的有価証券の価額は，@350円で1,000株分の350,000円となる。代金を受け取っていないので未収入金を用いて仕訳を行う。

第 10 章

固定資産（1） — 固定資産の基礎

[1] 固定資産

　営業活動のために長期（1 年以上）にわたって使用する資産を**固定資産**という。固定資産は，次の 3 つに分類される。

①有形固定資産

　建物や構築物，機械装置，工具器具，備品，車両運搬具，土地など，物理的実体を有する固定資産

②無形固定資産

　商標権や特許権などの法律上の権利，ソフトウェアやのれんなど，経済的価値を有するが，物理的実体を有さない固定資産

③投資その他の資産

　投資目的のために保有する株式・有価証券，出資金や長期貸付金など，有形固定資産・無形固定資産以外の固定資産

[2] 有形固定資産の取得と売却

　有形固定資産を取得した際は，その付随費用（購入・仲介手数料や運送費，登記料など）も含め，取得に要した費用を取得原価として借方に記入する。

　また，有形固定資産を売却した際は，売却時点での当該有形固定資産の簿価をもって貸方に記入する。売却価額と簿価の間に差額がある場合は，**固定資産売却益**勘定（収益），または**固定資産売却損**勘定（費用）で処理する。

・| **設例1** 以下の仕訳をしなさい。・──────
(1) 営業用車両 300 万円を購入し，代金は購入手数料 10 万円とともに現
　　金で支払った。
(2) 機械装置を売却し，代金 500 万円を現金で受け取った。売却時点での
　　当該機械装置の簿価は 300 万円であった。

──────────────────────────────────

解答

(1) （借）車 両 運 搬 具　3,100,000　（貸）現　　　　　金　3,100,000
(2) （借）現　　　　　金　5,000,000　（貸）機 械 装 置　3,000,000
　　　　　　　　　　　　　　　　　　　　　　　固定資産売却益　2,000,000

[3] 🚶‍♂️ 建設仮勘定

　建設中の固定資産を表す勘定科目を**建設仮勘定**（資産）という。建物などの
建設は，一般にその期間が長期にわたることから，完成前に代金の一部が支払
われることが多い。

　完成前に代金の一部を支払った場合，その金額を建設仮勘定として借方に記
入する。また，建設中の固定資産が完成し，引き渡された際は，建設仮勘定の
金額を建物勘定に振り替える。

・| **設例2** 以下の仕訳をしなさい。・──────
(1) 総額 500 万円で建物の建設を秋田建築株式会社に依頼し，その手付金
　　として 100 万円を現金で支払った。
(2) 当該建物が完成し引渡を受けたので，残額の 400 万円を小切手を振り
　　出して支払った。

──────────────────────────────────

解答

(1) （借）建設仮勘定　　　1,000,000　（貸）現　　　金　　1,000,000

(2) （借）建　　　物	5,000,000	（貸）建設仮勘定	1,000,000
		当 座 預 金	4,000,000

[4] 👣📊 有形固定資産の除却と廃棄

　事業用に使用してきた有形固定資産の使用を止め，帳簿から除くことを**除却**，有形固定資産を完全に処分する（捨てる）ことを**廃棄**という。

　除却した有形固定資産に処分価値がある場合，その評価額（処分価額）を**貯蔵品**勘定（資産）の借方に記入する。評価額と簿価との差額は，**固定資産除却損**勘定（費用），または**固定資産除却益**勘定（収益）で処理する。

　一方，廃棄した場合，その固定資産には価値がないと見なされ，その時点の簿価を**固定資産廃棄損**勘定（費用）の借方に記入する。

設例3　以下の仕訳をしなさい。

(1) 備品（簿価100万円）を除却した。備品の処分価額は20万円であった。

(2) 備品（簿価10万円）を廃棄した。

解答

(1) （借）貯　　蔵　　品	200,000	（貸）備　　　　品	1,000,000
固定資産除却損	800,000		
(2) （借）固定資産廃棄損	100,000	（貸）備　　　　品	100,000

---

[5] 有形固定資産の買換え

　今まで使用してきた古い有形固定資産を下取に出し，新しい有形固定資産を取得することを，有形固定資産の買換えという。

有形固定資産の買換えは，旧資産の売却と新資産の取得という，2つの仕訳を合わせた処理を行う。旧資産を売却した際は，その下取価格を未収入金として，有形固定資産の売却の仕訳を行う。また，新資産を取得した際は，当該未収入金額を購入代金の一部に充当し，取得の仕訳を行う。なお，旧資産と新資産は区別する必要があるため，同じ勘定科目（たとえば車両運搬具）であっても相殺しない。

設例4 以下の仕訳をしなさい。

営業用車両（簿価20万円）を5万円で下取りしてもらい，その後，新たに50万円の営業用車両を購入した。購入に伴う代金の差額45万円は，現金で支払った。

....

解答

（借）固定資産売却損	150,000	（貸）車両運搬具	200,000
車両運搬具	500,000	現 金	450,000

※旧固定資産売却の仕訳

（借）未 収 入 金	50,000	（貸）車両運搬具	200,000
固定資産売却損	150,000		

※新固定資産取得の仕訳

（借）車両運搬具	500,000	（貸）未 収 入 金	50,000
		現 金	450,000

---

[6] 有形固定資産の滅失

災害などで有形固定資産を失うことを**滅失**という。滅失した際は，有形固定資産の簿価を減額し，**火災損失等**の費用科目で処理する。

また，滅失した資産に保険が掛けられていた場合，保険金額が確定するまで

は，当該有形固定資産の簿価を**未決算**勘定の借方に記入し，当該金額確定時に，確定した保険金額と未決算の金額との差額を，**保険差益**勘定（収益）または**火災損失**勘定（費用）（火災による滅失の場合）で処理する。

設例 5　以下の仕訳をしなさい。

(1) 火災被害にあい，備品（簿価 10 万円）が焼失した。

(2) 火災被害にあい，建物（簿価 60 万円）が焼失した。この建物には 90 万円の火災保険が掛けられていた。

(3) (2) の火災について，保険金 50 万円が支払われる旨の通知があった。

解答

(1) (借) 火 災 損 失	100,000	(貸) 備	品	100,000
(2) (借) 未 決 算	600,000	(貸) 建	物	600,000
(3) (借) 未 収 入 金	500,000	(貸) 未 決 算		600,000
火 災 損 失	100,000			

---

7 資本的支出と収益的支出

　有形固定資産の価値や機能，耐久性を高めるために支払った金額を**資本的支出**という。資本的支出は，当該有形固定資産の取得原価の増加として処理する。

　一方，有形固定資産のもともとの価値や機能を維持するために支払った金額は，**収益的支出**として**修繕費**勘定（費用）で処理する。

設例 6　以下の仕訳をしなさい。

　建物の修繕を行い，代金 300 万円を小切手を振り出して支払った。このうち，100 万円は，建物の耐久性を高める効果がある。

(借) 建 物	1,000,000	(貸) 当 座 預 金	3,000,000
修 繕 費	2,000,000		

[8] 🚶📶 無形固定資産

1 | 法律上の権利

特許権や商標権，借地権等の，法律上の権利を取得した際は，その付随費用も含め，取得に要した費用を取得原価として借方に記入する。

2 | ソフトウェア

コンピュータを機能させるためのプログラムを総称して**ソフトウェア**という。ソフトウェアには，販売目的のソフトウェアと自社利用目的のソフトウェアがあるが，ここでは自社利用目的のソフトウェアの処理を見る。

自社利用目的のソフトウェアには，①自社で製作するものと，②他社から購入するものがある。自社で製作する場合，ソフトウェアが完成するまでの費用は**ソフトウェア仮勘定**（資産）で処理し，ソフトウェアが完成した際は，ソフトウェア仮勘定の金額をソフトウェア勘定（資産）に振り替える。

他社から購入した場合，その付随費用も含め，購入に要した費用をソフトウェア勘定の借方に記入する。

3 | のれん

企業が他企業を合併・買収する際，被合併企業の純資産額を上回る額が対価として支払われることがある。この金額の差額は，被合併企業の超過収益力を評価して支払われたものと考え，**のれん**勘定（資産）の借方に記入する。

(1) 特許権を 50 万円で取得し，代金は小切手を振り出して支払った。なお，特許権の登録料として，10 万円を現金で支払っている。

(2) 自社利用のソフトウェアを製作するための費用 100 万円を現金で支払った。このソフトウェアは現在製作途中にある。

(3) (2) で製作途中であったソフトウェアが完成した。

(4) 自社利用のためにソフトウェアを秋田商店から購入し，代金 200 万円を小切手を振り出して支払った。

(5) 山形商店を買収し，その対価として現金 800 万円を支払った。山形商店から受け入れた諸資産の時価は 900 万円，諸負債の時価は 300 万円であった。

解答

(1)	(借)	特 許 権	600,000	(貸)	当 座 預 金	500,000
					現 金	100,000
(2)	(借)	ソフトウェア仮勘定	1,000,000	(貸)	現 金	1,000,000
(3)	(借)	ソ フ ト ウ ェ ア	1,000,000	(貸)	ソフトウェア仮勘定	1,000,000
(4)	(借)	ソ フ ト ウ ェ ア	2,000,000	(貸)	当 座 預 金	2,000,000
(5)	(借)	諸 資 産	9,000,000	(貸)	諸 負 債	3,000,000
		の れ ん	2,000,000		現 金	8,000,000

9 固定資産台帳

固定資産を管理するために，資産の種類や用途ごとにその取得日や取得原価などの明細を記録する補助簿を，**固定資産台帳**という。固定資産台帳は次のような形をとる。

固定資産台帳

X5 年 3 月 31 日

取得年月日	用途	期末数量	取得原価	耐用年数	償却方法	残存価額	期首帳簿価額	当期減価償却費
建物 X1 年 4 月 1 日	倉庫	1	300,000	20 年	定額法	0	255,000	15,000
備品 X2 年 4 月 1 日	備品 A	1	100,000	10 年	定額法	0	80,000	10,000
X3 年 4 月 1 日	備品 B	1	80,000	5 年	定額法	0	64,000	16,000

10 投資その他の資産

1 | 長期貸付金

貸付金のうち，決算日の翌日から 1 年を超えて回収（返済）されることが予定されている貸付金は，**長期貸付金**勘定（資産）で処理する。

2 | 長期前払費用

前払費用（第 18 章参照）のうち，決算日の翌日から 1 年を超えて費用化される前払費用は，**長期前払費用**勘定（資産）で処理する。

設例8 以下の仕訳をしなさい。

(1) 秋田商店に現金 300 万円を貸し付けた。この貸付金は 5 年後に返済される予定である。

(2) 3 年後に開催予定のイベントへの出店料 30 万円を現金で支払った。

(1)	(借) 長 期 貸 付 金	3,000,000	(貸) 現	金	3,000,000
(2)	(借) 長 期 前 払 費 用	300,000	(貸) 現	金	300,000

[11] 圧縮記帳

　国庫補助金を利用して有形固定資産を取得した際に，その取得原価から当該国庫補助金額を差し引く処理を**圧縮記帳**という。

　国庫補助金を受け取った際は，**国庫補助金受贈益**勘定（収益）の貸方に記入する。その後，圧縮記帳を行う際は，受け取った国庫補助金額を**固定資産圧縮損**勘定（費用）の借方に記入し，固定資産の取得原価を減額する。

設例9　以下の仕訳をしなさい。

(1) 備品の購入にあたり国庫補助金 10 万円を受け取り，当座預金口座に預け入れた。

(2) (1) で受け取った国庫補助金と自己資金を合わせて備品 50 万円を購入し，小切手を振り出して支払った。当該備品については圧縮記帳を行う。

解答

(1)	(借) 当 座 預 金	100,000	(貸) 国庫補助金受贈益	100,000
(2)	(借) 備　　　　　　品	500,000	(貸) 当 座 預 金	500,000
	固定資産圧縮損	100,000	備　　　　　　品	100,000

第11章

固定資産 (2) —— リースと外貨建取引

[1] 🏃 リース会計

1 | リース取引の概要

リース取引とは、特定の物件の所有者たる貸手が、当該物件の借手に対し、合意されたリース期間にわたり、これを使用収益する権利を与え、借手は、合意されたリース料を貸手側に支払う取引をいう。一般的には、リース契約が結ばれると、貸手はメーカー等との売買契約によってリース物件を調達し、当該リース物件を借手に貸し渡す。

2 | リース取引の分類

リース取引は、契約の内容等により、**ファイナンス・リース取引**と**オペレーティング・リース取引**に分類される。ファイナンス・リース取引とは、(1) リース契約に基づくリース期間の中途において当該契約を解除することができないリース取引またはこれに準ずるリース取引であり、かつ (2) 当該リース物件から生じる経済的利益と使用コストが実質的に借手に帰属することとなるリース取引をいう。(1) は解約不能（ノン・キャンセラブル）の条件と呼ばれ、契約上、中途解約できないリース取引だけではなく、法的形式上は解約可能であるとしても、解約する場合に多額の違約金を支払う必要が生じるなど、事実上解約不能な取引も含まれる。(2) はフルペイアウトの条件と呼ばれ、借手がリース物件の経済的利益を実質的に受けることができると同時に、リース物件の使用に伴って生じる取得価額相当額や維持管理費用などのコストを借手が実

質的に負担することになる取引をいう。これらの条件を満たさないものはオペレーティング取引に分類される。

　また，ファイナンス・リース取引は，リース契約上の諸条件に照らしてリース物件の所有権が借手に移転すると認められる**所有権移転ファイナンス・リース取引**と，それ以外の**所有権移転外ファイナンス・リース取引**に分類される。

3 ｜ファイナンス・リース取引の会計処理（借手側）

　ファイナンス・リース取引については，通常の売買取引に係る方法に準じて会計処理を行う。これはファイナンス・リース取引が，リース期間での中途解約ができず，リース物件の使用に伴うコストを実質的に借手が負担する取引であり，借手がリース会社からリース物件を購入し，購入代金を分割払いする売買取引と同様であると考えられるためである。

　なお，ファイナンス・リース取引は，固定資産の割賦購入と同様に，借手が貸手に支払うリース料の総額には一定の利息が含まれている。この利息相当額については，原則として，リース期間にわたり利息法により配分する。ただし，所有権移転外ファイナンス・リース取引であり，重要性が乏しい場合には例外として，①「**利子抜き法**（原則）」と②「**利子込み法**」のいずれかの処理方法を選択できる。

　ファイナンス・リース取引の会計処理の考え方としては，①リース会社から購入資金を借り入れ，②その資金で借手側がリース資産を購入し，③分割払いすることによって，購入資金を返済していくと考えて仕訳をするとよい。

4 ｜利子抜き法

（1）取引開始時の処理

　リース取引を開始したときは，通常の売買取引に係る方法に準じた会計処理により，リース物件とこれに係る債務を**リース資産**勘定（資産）及び**リース債務**勘定（負債）で計上する。リース資産及びリース債務の計上額は，原則とし

て，リース料総額から利息相当額を控除した金額を取得価額相当額とする。なお，取得価額相当額は貸手側の購入価額とすることが基本となるが，一般的に借手が貸手側の購入価額を知ることができない場合が多いため，それに代えて「見積現金購入価額」または，「リース料総額を一定の利子率で割り引いた割引現在価値」とすることができる。

(2) リース料支払時の処理

リース料支払時には，支払ったリース料のうち経過した期間の利息相当額を**支払利息**勘定（収益）で処理し，残額をリース債務の返済として処理する。なお，利息相当額はリース期間にわたって定額法で配分する。

(3) 決算時の処理

決算時においてはリース資産について**減価償却費**（第 17 章参照）を計上する。なお，所有権移転外ファイナンス・リース取引については，リース物件の取得とは異なり，リース物件を使用可能な期間がリース期間に限定されるという特徴があるため，原則として耐用年数を「リース期間」，残存価額はゼロとして減価償却を行う。また，決算日とリース料の支払日が異なる場合には，経過期間の利息を見越計上（第 18 章参照）する必要がある。

設例1 利子抜き法によって以下の仕訳をしなさい。

(1) 当社は X1 年 4 月 1 日に，下記の条件でリース会社と備品のリース契約を結んだ。なお，このリース取引はファイナンス・リース取引であり，当社の会計期間は 1 年，決算日は 3 月 31 日である。

解約不能のリース期間：5 年

年間リース料：10 万円（毎年 3 月 31 日支払い）

リース資産の見積現金購入価額：45 万円

(2) 3 月 31 日　初回のリース料を当座預金口座から支払った。

(3) 3 月 31 日　本日決算日につき，備品の減価償却（耐用年数 5 年，残存価額ゼロの定額法，記帳方法は間接法）を行う。

---

(1) (借) リ ー ス 資 産　450,000　(貸) リ ー ス 債 務　450,000
(2) (借) リ ー ス 債 務　 90,000　(貸) 当 座 預 金　100,000
　　　　 支 払 利 息　 10,000
　　　※ (100,000×5−45,000)÷5＝10,000
(3) (借) 減 価 償 却 費　 90,000　(貸) 減価償却累計額　 90,000

5 | 利子込み法

(1) 取引開始時の処理

　利子込み法により，リース取引を開始したときは，利息相当額を含んだリース料総額で，リース物件及びこれに係る債務を**リース資産**勘定及び**リース債務**勘定として計上する。

(2) リース料支払時の処理

　リース料支払時には，支払ったリース料についてリース債務の返済として処理する。なお，利子込み法の場合は支払利息の計上は行わない。

(3) 決算時の処理

　決算時においては，リース資産の計上価額をもとに**減価償却費**を計上する。なお，利子抜き法と同様に，耐用年数を「リース期間」，残存価額はゼロとして減価償却を行う。

設例2　利子込み法によって以下の仕訳をしなさい。

(1) 当社は X1 年 4 月 1 日に，下記の条件でリース会社と備品のリース契約を結んだ。なお，このリース取引はファイナンス・リース取引であり，当社の会計期間は 1 年，決算日は 3 月 31 日である。

　　解約不能のリース期間：5 年

　　年間リース料：10 万円（毎年 3 月 31 日支払い）

　　リース資産の見積現金購入価額：45 万円

(2) 3 月 31 日　初回のリース料を当座預金口座から支払った。

(3) 3月31日 本日決算日につき，備品の減価償却（耐用年数5年，残存価額ゼロの定額法，記帳方法は間接法）を行う。

解答

(1) （借）リ ー ス 資 産　　500,000　（貸）リ ー ス 債 務　　500,000
(2) （借）リ ー ス 債 務　　100,000　（貸）当 座 預 金　　100,000
(3) （借）減 価 償 却 費　　100,000　（貸）減価償却累計額　　100,000

6 オペレーティング・リース取引の会計処理

オペレーティング・リース取引については，通常の賃貸借取引に係る方法に準じて会計処理を行う。賃貸借取引は，貸手側が所有している資産を借手側が選択して借りる取引であるため，ファイナンス・リース取引のように，取引開始時にリース資産及びリース債務は計上しない。したがって，リース料の支払時に**支払リース料**勘定（費用）で計上する。また，リース料の支払日と決算日が異なる場合には，経過期間の利息を見越計上する必要がある。

設例3 以下の仕訳をしなさい。

(1) 当社はX1年4月1日に，下記の条件でリース会社と備品のリース契約を結んだ。なお，このリース取引はオペレーティング・リース取引であり，当社の会計期間は1年，決算日は3月31日である。

　　リース期間：5年

　　年間リース料：10万円（毎年3月31日支払い）

(2) 3月31日 初回のリース料を当座預金口座から支払った。

解答

(1) 仕訳なし
(2) （借）支払リース料　　100,000　（貸）当 座 預 金　　100,000

1 | 外貨建取引と為替換算

　売買価額その他取引価額が外国通貨で表示されている取引を**外貨建取引**という。日本の企業と外国の企業との間で輸出入取引が行われた場合や，日本の企業が外国での資金運用を行った場合などに発生し，主な外貨建取引には，①取引価額が外国通貨で表示されている物品の売買または役務の授受，②決済金額が外国通貨で表示されている貸付金や借入金，③券面額が外国通貨で表示されている社債の発行，④外国通貨による前渡金や仮払金の支払または前受金や仮受金の受入，⑤決済金額が外国通貨で表示されている**デリバティブ**（金融派生商品）取引等が含まれる。

　企業活動の国際化によって，日本の企業が外国の企業と外貨建取引を行った場合には，企業の会計数値の一部に外貨で表示された部分が混在することになり，会計帳簿の記録や財務諸表を作成するにあたり，外貨で表示されている金額を円貨の金額に変更する必要性がある。そのための計算手続が為替換算であり，**外国為替相場**（レート）に外貨での金額を掛け合わせることで円貨による金額に変更する。

2 | 外貨建取引の会計処理

(1) 取引発生時

　外貨建取引は，原則として，当該取引発生時の為替相場による円換算額をもって記録する。ただし，実務上どの相場を適用するか判断に迷うことを避けるため，「外貨建取引等会計処理基準注解」によれば，取引発生時の為替相場としては，取引が発生した日における**直物為替相場**または合理的な基礎に基づいて算定された平均相場，たとえば取引の行われた月または週の前月または前週の直物為替相場を平均したもの等，直近の一定期間の直物為替相場に基づい

て算出されたものによる。ただし，取引が発生した日の直近の一定の日における直物為替相場，たとえば取引の行われた月もしくは週の前月もしくは前週の末日または当月もしくは当週の初日の直物為替相場によることも妨げないとしている。

このことから，日本の企業が外国の企業と外貨で取引を行っている場合でも外貨で会計記録を行うのではなく，円貨に換算した金額で会計記録を行うことになる。

(2) 決済時

外貨建金銭債権債務の決済に伴って生じる現金収支額については，原則として，決済時の為替相場による円換算額をもって記録する。この場合に生じた損益は，原則として，当期の**為替差損益**とする。

(3) 決算時

期末に保有する外貨建の資産及び負債は，取得時または発生時の為替相場で換算された金額で計上されているが，決算時には貨幣項目（外国通貨及び外貨預金を含む外貨建金銭債権債務）については，決算時の為替相場により換算替えを行う。この場合に生じた換算差額は，原則として，当期の為替差損益として処理する。

また，決算時に非貨幣項目について換算替えを行わない理由は，すでに現金の受取または支払が済んでおり，その後の為替相場の変動の影響を受けないためである。

(4) 為替差損益の取扱と表示

為替差損益とは外貨建の資産及び負債の評価にあたり，為替相場の変動によって生じる損益のことである。為替差損益は取引発生時と決済時の為替相場の変動によって生じる為替決済損益と，決算時に外貨建取引を円貨で評価する際に，為替相場の変動によって生じる為替換算損益に分類されるが，この為替差損益を処理する考え方には**一取引基準**と**二取引基準**という考え方がある。

一取引基準とは，外貨建取引と決済取引を連続した１つの取引として考える方法であり，一取引基準によると代金が決済されるまで売上・仕入や在庫などの金額が未確定となり，取引発生時の為替相場と代金決済時の為替相場の差額

から生じる為替差損益については売上や仕入を調整することになる。

　これに対して，二取引基準とは，外貨建取引と決済取引を別々の独立した取引と考える方法であり，二取引基準によると売上高や仕入高は輸出入が行われた時点で確定され，その後の為替相場の変動による為替差損益は，売上や仕入とは別に為替差損益として認識されることになる。

　現行の外貨建取引の会計処理基準としては，一取引基準を採用した場合には，為替相場の変動により生じた損益が，売買損益として計上されてしまい，取引本来の金額に影響を与えてしまうことから，そのような矛盾が生じない二取引基準を採用することとしている。

　また，為替差損益については，財務取引と見なし，貸借の差額を純額で営業外収益または営業外費用の区分に表示する。

設例4 以下の仕訳をしなさい。

　なお，商品売買取引は三分法で記帳する。

(1) 米国のハワイ社に商品1,000ドルを販売する契約を結び，手付金として100ドルを現金で受け取った。なお，当日の為替相場は1ドルあたり120円であった。

(2) ハワイ社に上記の商品1,000ドルを発送し，手付金100ドルを控除した残額を掛とした。なお，当日の為替相場は1ドルあたり115円であった。

(3) ハワイ社に対する売掛金900ドルのうち，400ドルを現金で回収した。なお，当日の為替相場は1ドルあたり110円であった。

(4) 決算となるため，換算替えを行った。なお，決算日の為替相場は1ドルあたり100円であった。

解答

(1) (借) 現　　　　金　　　　12,000　(貸) 前　受　金　　　　12,000
(2) (借) 前　受　金　　　　12,000　(貸) 売　　　上　　　115,500
　　　　 売　掛　金　　　103,500

(3)	(借)	現 金		44,000	(貸)	売 掛 金	46,000
		為替差損益		2,000			
(4)	(借)	為替差損益		7,500	(貸)	売 掛 金	7,500

3 為替予約

(1) 為替予約の意義

為替予約とは，外貨建取引により発生した外貨建金銭債権債務について，相場変動による外貨の決済の不確実性を回避するために，将来における為替相場にかかわらず，決済を行う銀行とあらかじめ定めた予約レートで決済時の円貨額を定めておく契約をいう。

なお，外貨建取引に本来適用される交換レートのことを**直物為替相場**といい，銀行との間に約定された交換レートのことを**先物為替相場**という。これら2つの相場には通常，差があり，この差を直先スプレッドという。

(2) 会計処理方法

為替予約の処理には，**独立処理**（原則）と**振当処理**（特例）の2つの方法がある。本来であれば為替予約は**デリバティブ**取引の1つであるため，「金融商品に関する会計基準」や「外貨建取引等会計処理基準」では独立処理が原則とされるが，営業取引を前提とした振当処理も認められている。ここで，独立処理とは，外貨建取引について発生した取引本体のうち，外貨建金銭債権債務に関する部分と為替予約に関する部分を別個のものとして認識し，独立して処理する方法である。これに対して，振当処理とは，外貨建金銭債権債務と為替予約を一体のものとして処理する方法である。

(3) 取引発生時までに為替予約を付した場合

商品売買などの営業取引が発生した時点で為替予約を締結している場合には，実務上の煩雑性も考慮し，その時点での先物為替相場による円換算額で外貨建金銭債権債務が計上されるため，以降，決済日や決算日において為替相場の変動による為替差損益は生じないこととなる。

設例5 振当処理によって以下の仕訳をしなさい。

なお，会計期間は1年，決算日は3月31日とする。

(1) X2年2月1日，当社は米国のハワイ社に商品1,000ドルを販売し，代金は3ヶ月後（5月1日）に回収することとした。また，取引と同時に先物為替相場1ドルあたり110円で為替予約を付した。なお，この日の直物為替相場は1ドルあたり105円であった。

(2) X2年3月31日の決算日における直物為替相場は1ドルあたり108円，先物為替相場は113円であった。

(3) X2年5月1日，上記1の売掛金1,000ドルを現金で回収した。なお，決済時の直物為替相場は1ドルあたり107円であった。

解答

(1) （借）売 掛 金　　110,000　（貸）売　　　　上　　　110,000

(2) 仕訳なし

(3) （借）現　　　金　　110,000　（貸）売 掛 金　　　110,000

（4）取引後に為替予約を付した場合

　商品売買などの営業取引が行われた後で，外貨建金銭債権債務について為替予約を付した場合には，取引発生時の為替相場による円貨額と為替予約時における為替相場による円貨額との間に損益が生じる。この場合の損益は為替相場の変動により生じたものであるため為替差損益と考えられ，①**直々差額**と②**直先差額**に区分することができる。

①直々差額

　直々差額とは，外貨建金銭債権債務の取引発生時の直物為替相場による円換算額と為替予約時における直物為替相場による円換算額との差額である。直々差額は，為替予約時までに生じている為替相場の変動による差額であるため，予約をした日の属する期の為替差損益として処理する。

②直先差額

　直先差額とは，為替予約を付した時点での直物為替相場による円換算額と為替予約時の先物為替相場による円換算額との差額である。直先差額は予約日の属する期から決済日の属する期までの期間にわたって合理的な方法により配分し，各期間の損益として処理する。ただし，例外として，重要性が乏しい場合には，為替予約時に全額をその期の為替差損益として処理することも認められている。

設例6　振当処理によって以下の仕訳をしなさい。

なお，会計期間は1年，決算日は3月31日とする。

(1) X2年2月1日，当社は米国のハワイ社に商品1,000ドルを販売し，代金は3ヶ月後（5月1日）に回収することとした。なお，この日の直物為替相場は1ドル105円であった。

(2) X2年3月10日，上記1の売掛金1,000ドルに対して先物為替相場1ドルあたり110円で為替予約を付した。なお，予約時の直物為替相場は1ドルあたり106円であった。

(3) X2年3月31日の決算日における直物為替相場は1ドルあたり108円，先物為替相場は113円であった。

(4) X2年5月1日，上記1の売掛金1,000ドルを現金で回収した。なお，決済時の直物為替相場は1ドルあたり107円であった。

解答

(1)	（借）売　掛　金	105,000	（貸）売　　　　上	105,000
(2)	（借）売　掛　金	5,000	（貸）為替差損益	5,000
(3)	仕訳なし			
(4)	（借）現　　　　金	110,000	（貸）売　掛　金	110,000

第12章

収益と費用

　損益計算書には，収益と費用の項目を記載する。損益計算書では，最終的に費用と収益の差額から当期純利益または当期純損失を計算することになるが，詳しい計算方法については第19章で説明する。

　なお，収益には売上が，費用には仕入が含まれるが，売上及び仕入の記入方法についてはすでに第5章で述べている。また，収益と費用の一部は決算時に未収・未払または前受・前払として貸借対照表へ記載することがあるが，これについては第18章で説明する。

　本章では，一般的に計上される収益と費用の内容と，その記入方法について示す。収益と費用には，営業活動にかかわるものと，財務活動にかかわるもの，その他特別に発生するものがある。

[1] 収　益

　収益には，第5章で挙げた売上の他にも，多くの種類の勘定科目が存在する。収益のうち代表的なものを大別すると，以下のようになる。

①「受取××」：受取手数料，受取地代，受取家賃，受取利息，受取配当金
②「××益」：商品売買益，雑益，償却債権取立益，固定資産売却益，有価証券売買益，有価証券評価益，投資有価証券売却益，保険差益，負ののれん発生益，固定資産受贈益，国庫補助金受贈益，工事負担金受贈益
③その他：売上，貸倒引当金戻入，有価証券利息，修繕引当金戻入，商品保証引当金戻入，返品調整引当金戻入，売上割戻引当金戻入，売上割戻

発生した収益は，それぞれの勘定の貸方に記入する。なお，上記のうち引当金にかかるものは第16章で説明する。

設例1 以下の仕訳をしなさい。

9月分の家賃 20,000 円を現金で受け取った。

解答

（借）現　　　金　　　　20,000　（貸）受　取　家　賃　　　　20,000

---

[2] 費　用

1 費用の記入方法

費用には，第5章で挙げた仕入の他にも，事業を行うにあたって様々な費用がかかる。これを**営業費**という。営業費は，その性質から経営管理上は販売費と一般管理費に分類される。**販売費**は，商品の販売の過程で直接発生する費用であり，たとえば販売員の給料や広告宣伝費などが含まれる。**一般管理費**は企業の統制を支えるためにかかる費用であり，たとえば間接部門の従業員の給料や旅費交通費などが含まれる。

営業費に入る費用の勘定科目は多く存在する。このうち代表的なものを大別すると，以下のようになる。

① 「支払××」：支払手数料，支払地代，支払家賃，支払利息，支払リース料，創立費，株式交付費，開業費，開発費など
② 「××費」：発送費，広告宣伝費，消耗品費，修繕費，旅費交通費，通信費，水道光熱費，雑費，保管費，諸会費，減価償却費，研究開発費，福利厚生費，保守費など
③ 「××損」：雑損，固定資産売却損，棚卸減耗損，商品評価損，有価証券

売却損，手形売却損，電子記録債権売却損，債権売却損，有価証券売却
損，有価証券評価損，投資有価証券売却損，固定資産除却損，固定資産圧
縮損など

④その他：仕入，貸倒引当金繰入，貸倒損失，給料，保険料，租税公課（税
金），法人税，住民税，事業税，賞与，退職給付費用，売上割戻引当金繰
入，修繕引当金繰入，賞与引当金繰入，商品保証引当金繰入，返品調整引
当金繰入，のれん償却，ソフトウェア償却，特許権償却，売上割引，火災
損失，追徴法人税等，還付法人税等，仕入割戻など

発生した費用は，それぞれの勘定の借方に記入する。なお上記のうち，商品
の評価に関するものについては第 15 章，引当金については第 16 章，減価償却
費及び各種固定資産の償却については第 17 章でそれぞれ説明する。

設例 2　以下の仕訳をしなさい。

郵便局で，切手 2,000 円分を現金で購入した。

・・

解答

（借）通　信　費　　　　2,000　（貸）現　　　金　　　　2,000

---

2 ｜ 租税公課

税金には国によって課されるもの（国税）と，地方自治体によって課される
もの（地方税）がある。また，日常的に費用として処理できる税と，決算を経
て利益を計算した後にその額が確定する税があり，簿記では，前者の日常的に
費用として処理できる税のみをまとめて**租税公課**と呼ぶ。租税公課には，事業
に係る固定資産税や自動車税，印紙税などが含まれる。

固定資産税は，毎年の 1 月 1 日の時点で所有している土地や建物，機械など
の固定資産について課される地方税である。

また印紙税とは，収入印紙を購入することで発生する国税である。収入印紙

は，一定額以上の商品代金の領収書や商品売買契約書の発行，手形の振出の際に必要となる。収入印紙を購入した際には，租税公課勘定の借方に費用として記入する。

なお，所得税，法人税，住民税，事業税，消費税などの決算後に確定する税の処理方法については，第13章で説明する。

> **設例3** 以下の仕訳をしなさい。
>
> 郵便局で，収入印紙10,000円分を現金で購入した。
>
> ---
>
> **解答**
>
> (借) 租 税 公 課　　　10,000　(貸) 現　　　　金　　　10,000

---

3 │ その他の費用

旅費交通費には，飛行機代やタクシー代などの他に，ICカードへのチャージ代金も含まれる。また通信費には，電話代やインターネットの回線代に加えて，切手代も含まれる。

雑損とは，多様な種類の費用のうち，重要性の薄い項目をまとめたものである。雑損には，たとえば期末時点での現金過不足のうち，原因がわからなかった差額などが含まれる。

> **設例4** 以下の仕訳をしなさい。
>
> (1) 店員の出張にあたり，ICカードに10,000円分のチャージを現金で行った。
> (2) 商品の郵送代として，郵便局で1,000円分の切手を現金で購入した。
>
> ---
>
> **解答**
>
> (1) (借) 旅費交通費　　　10,000　(貸) 現　　　　金　　　10,000

(2)（借）通　信　費　　　　1,000　（貸）現　　　　金　　　　1,000

第13章

納　税

[1] 固定資産税

　固定資産税とは，毎年1月1日現在において，土地・家屋・有形償却資産（帳簿価額150万円超のもの）などの固定資産を所有している納税義務者が，その固定資産の価格をもとに算定された税額を，その固定資産がある市町村（東京特別区含む）に納める税金である。固定資産税や自動車税，印紙税など，日常の企業活動をしていく上で必要と認められる税金については，**租税公課**勘定で処理することが一般的である（第12章参照）。

設例1　以下の仕訳をしなさい。

　事業所にかかる固定資産税の第3期分10万円を，郵便局にて現金で納付した。

- -

解答

　（借）租 税 公 課　　100,000　（貸）現　　　　金　　100,000

---

[2] 法人税等

1 法人税等

　個人の所得に対して所得税や住民税が課されるように，法人である株式会社が獲得した利益に対しても税金が課されることになる。企業に課せられる税金は国内，海外を含めると多岐にわたるが，その中でも代表的なものが，法人3税と呼ばれる**法人税**，**住民税**，**事業税**であり，この法人3税を総称して**法人税等**という。

2 法人税等の会計処理

　会計上，企業が法人税や住民税，事業税を納付したときは，**法人税，住民税及び事業税**勘定（費用）で処理するか，まとめて法人税等勘定で処理する。本来，法人税は国から課される国税であり，住民税及び事業税は地方自治体によって課される地方税であることから，その課税主体は異なるが，申告や納付の方法が法人税に準じて行われることからこのような処理が行われる。

(1) 中間申告・納付

　法人税等は，決算において企業の1年間の利益が確定した後に確定申告を行って納付することになるが，法人税の納付を円滑かつ確実に行うために期首から6ヶ月を経過した時点から2ヶ月以内に，中間納付を行うこととしている。中間納付額は，①前年度に確定申告した法人税額の2分の1を納税する予定申告か，②6ヶ月間を1事業年度と見なして中間仮決算を行い，算出した6ヶ月分の法人税額を納税する方法がある（法人税法72条①）。これを中間申告といい，これらの方法で法人税額を納付した場合には，**仮払法人税等**勘定（資産）で処理する。

　また，企業が所有する株式や預金について，配当金や利息を受領した際には，**所得税**が源泉徴収される。この源泉所得税は現行税法上，法人が個人の集

合体であるとの法人擬制説の立場に立つため，法人税等の前払を意味することとなり，仮払法人税等勘定で処理されることになる。

設例2 以下の仕訳をしなさい。

(1) 法人税等の中間申告を行い，前年度の法人税等の50％に相当する40万円を現金で納付した（決算年1回，3月31日）。

(2) 本日，所有する沖縄株式会社株式に対する期末配当金32,000円（源泉所得税20％を控除後）が当座預金口座に振り込まれた旨の通知があった。

··

解答

(1)（借）仮払法人税等　　　400,000　（貸）現　　　　　金　　400,000

(2)（借）当 座 預 金　　　　32,000　（貸）受 取 配 当 金　　　40,000
　　　　　仮払法人税等　　　　8,000

（2）決算時

決算において確定した当期の法人税等の金額を法人税，住民税及び事業税勘定で処理するとともに，中間申告・納付時において計上した仮払法人税等勘定を減少させる。

また，確定した法人税額等と，すでに納付した中間納付税額との差額については**未払法人税等**勘定（負債）で処理する。

設例3 以下の仕訳をしなさい。

決算の結果，当期の法人税，住民税，事業税が90万円と確定した。なお，仮払法人税等の残高は40万円である（決算年1回，3月31日）。

··

解答

　（借）法人税, 住民税及び事業税 900,000　（貸）仮払法人税等　　400,000
　　　　　　　　　　　　　　　　　　　　　　　　未払法人税等　　500,000

---

(3) 確定申告・納付

　決算時に計算された法人税，住民税及び事業税は，原則として，決算日から2ヶ月以内に確定申告を行って納税しなければならない。そこで，決算の際に計上した未払法人税等の金額を納付する。

設例 4　以下の仕訳をしなさい。

　法人税等について確定申告を行い，未払分50万円を小切手を振り出して納付した。

解答

　（借）未 払 法 人 税 等　　　500,000　（貸）当 座 預 金　　　500,000

---

3 ｜ 法人税等の追徴と還付

　確定申告による納税額が本来納めるべき税額に満たない場合，または，申告そのものをしていない場合にはペナルティとして税務当局より**追徴課税**を受けることがある。法人税等の追徴課税としては，申告納税額が本来の税額に満たない場合の過少申告加算税，納期限までに申告を行わなかった場合の無申告加算税，仮装または隠蔽が認められる場合の重加算税が挙げられるが，いずれも，**追徴法人税等**勘定で処理する。また，過年度の法人税額等を過剰に納付してしまった場合には，税務当局に対して更正の請求を行うことができる。この更正の請求が認められた場合に，払いすぎた分について払い戻しを受けることを還付といい，**還付法人税等**勘定で処理する。

　損益計算書上，追徴法人税等または還付法人税等については，法人税，住民税及び事業税の次に記載されることになる。

　なお，決算において当期純損失が確定した場合には，当期に中間納付した法人税額等は還付の対象となり，還付が認められた場合には**未収還付法人税等**勘定（資産）で処理することとなる。

(1) 過年度の法人税等について，納付額が不足していたことが発覚し，追徴額 30 万円を現金で納付した。

(2) 過年度に納付した法人税額等について，納付額が過剰であったため税務当局に対して更正の請求を行い，請求が認められた結果，20 万円の還付金が当座預金口座に振り込まれた。

(3) 期末において当期純損失が確定し，すでに中間納付していた仮払法人税等 40 万円が還付されることとなった。

解答

(1)	(借) 追 徴 法 人 税 等	300,000	(貸) 現	金	300,000
(2)	(借) 当 座 預 金	200,000	(貸) 還 付 法 人 税 等	200,000
(3)	(借) 未収還付法人税等	400,000	(貸) 仮 払 法 人 税 等	400,000

4 | 法人税等と企業会計上の利益の関係

(1) 法人税額の計算

法人税額は会計上の収益と費用の差額で算出された税引前当期純利益に税率を乗じて求められるわけではない。実際は，損益計算書の利益を法人税法に基づいて調整することで算定された課税所得に一定の税率を乗じて算定される。

(2) 企業会計上の利益と課税所得

課税所得は，益金の金額と損金の金額の差額として計算される。企業会計上の「収益・費用」と法人税法上の「益金・損金」はほぼ同じ概念であるが，企業会計が適正な期間損益計算を目的としているのに対して，法人税法は課税の公平を目的としている。よって，企業会計上の「収益・費用」と法人税法上の「益金・損金」は必ずしも一致せず，損益計算書で確定した当期純利益を法人税法上の所得金額に修正する必要がある。この法人税法上の所得金額の計算の明細書は，**別表四**と呼ばれている。

(3) 課税所得の算定

前述したように，企業会計と法人税法ではその目的が異なることから，企業会計上の「収益・費用」と法人税法上の「益金・損金」の範囲及び認識時点などに若干のズレが生じることとなり，このズレのことを差異という。本来，課税所得は益金から損金を控除して求められるが，改めて益金と損金を集計するのは手間がかかるため，実際の課税所得の算定は，税引前当期純利益に差異部分を加減調整することにより行う。

なお，加算調整項目及び減算調整項目をまとめると以下のようになる。

加算調整項目	益金算入	企業会計上の収益ではないが，法人税法上は益金に含まれる項目。
	損金不算入	企業会計上の費用であっても，法人税法上は損金に含まれない項目。
減算調整項目	益金不算入	企業会計上の収益であっても，法人税法上は益金に含まれない項目。
	損金算入	企業会計上の費用ではないが，法人税法上は損金に含まれる項目。

また，それぞれの具体例を挙げると以下のようになる。

益金算入	退職給付引当金，修正申告の対象となった売上計上漏れ額，特別償却準備金の取崩額など
損金不算入	法人税，住民税，減価償却超過額，貸倒引当金繰入超過額，罰金，交際費限度超過額，準備金超過額など
益金不算入	受取配当金，法人税・住民税など損金不算入の税金の還付金，資産の評価益など
損金算入	過年度減価償却超過額の当期認容額，繰越欠損金（青色申告事業者に限る）など

［3］消費税

1 | 消費税

消費税法上では，「消費税法に規定する消費税」と「地方税法に規定する消費税」を区別し，両者を合わせて消費税等と定義されるが，本章では両者を区別せずに，**消費税**とする。

消費税の課税対象は，国内において事業者が事業として対価を得て行う資産の譲渡，貸付及び役務の提供と外国貨物の引取である。消費税の納税義務者は事業者であるが，生産及び流通の過程で段階的に課税され，最終的に税金を負担するのは，商品や製品を購入したり，サービスの提供を受ける最終消費者である。消費税のように，納税義務者と税の負担者が異なる税金を**間接税**という。

消費税の会計処理には，消費税部分を区別して処理する**税抜方式**と，区別しない**税込方式**の2つの方法がある。いずれにしても企業の立場からすると，消費者から消費税を徴収したときは，国に納付するまでの間，一種の預り金となる。

2 | 税抜方式

税抜方式とは，消費税額を仕入等や売上に含めずに，独立した勘定科目で処理しておく方法である。

（1）消費税の支払時

商品の仕入時などに，支払った消費税は，**仮払消費税**勘定（資産）で処理する。

設例6 以下の仕訳をしなさい。

商品（本体価格10万円）を仕入れ，代金は現金で支払った。なお，消

費税率は 10％であり，記帳方法は三分法を採用している。

解答

（借）仕　　　入	100,000	（貸）現　　　金	110,000
仮払消費税	10,000		

（2）消費税の受取時

　商品の売上時などに，受け取った消費税は，消費者の代わりに納付するために一時的に預かったと考え，**仮受消費税**勘定（負債）で処理する。

設例7　以下の仕訳をしなさい。

　商品（本体価格 30 万円）を売り上げ，代金は現金で受け取った。なお，消費税率は 10％であり，記帳方法は三分法を採用している。

解答

（借）現　　　金	330,000	（貸）売　　　上	300,000
		仮受消費税	30,000

（3）決算時の処理

　決算時には，仮払消費税と仮受消費税を精算し，差額を納付税額として**未払消費税**勘定（負債）を計上する。反対に，仮受分より仮払分の金額が大きくなり，消費税の還付を受ける場合は，その差額を**未収還付消費税**勘定（資産）に計上する。

設例8　以下の仕訳をしなさい。

　本日決算につき，消費税の仮払分と仮受分を相殺し，納付税額を確定した。

（借）仮受消費税　　　　30,000　（貸）仮払消費税　　　　10,000

　　　　　　　　　　　　　　　　　　　　未払消費税　　　　20,000

（4）納付時の処理

　確定申告を行って，消費税を納付したときは，**未払消費税**勘定を減少させる。

設例9　以下の仕訳をしなさい。

　確定申告を行い，先の決算で確定した未払消費税 20,000 円を現金で納付した。

解答

（借）未払消費税　　　　20,000　（貸）現　　　金　　　　20,000

3 ｜ 税込方式

　税込方式とは，消費税額を独立した勘定科目で処理せずに，仕入等や売上に含めて処理する方法である。

（1）消費税の支払時の処理

　消費税の金額を仕入等に含めて処理する。

設例10　以下の仕訳をしなさい。

　商品（本体価格 10 万円）を仕入れ，代金は現金で支払った。なお，消費税率は 10％であり，記帳方法は三分法を採用している。

解答

（借）仕　　　入　　　110,000　（貸）現　　　金　　　110,000

（2）消費税の受取時の処理

消費税の金額を売上に含めて処理する。

設例 11 以下の仕訳をしなさい。

　商品（本体価格 30 万円）を売り上げ，代金は現金で受け取った。なお，消費税率は 10％であり，記帳方法は三分法を採用している。

- -

解答

　　（借）現　　　金　　　330,000　（貸）売　　　上　　　330,000

（3）決算時の処理

　決算時には，納付すべき消費税を計算し，**租税公課**勘定と**未払消費税**勘定を計上する。なお，消費税が還付になるときは，**未収還付消費税**勘定及び**雑益**勘定（もしくは雑収入勘定）を計上する。

設例 12 以下の仕訳をしなさい。

　本日決算につき，消費税の仮払分と仮受分を相殺し，納付税額を確定した。

- -

解答

　　（借）租 税 公 課　　　20,000　（貸）未払消費税　　　20,000

（4）納付時の処理

　確定申告を行って，消費税を納付したときは，税抜方式と同様に**未払消費税**勘定を減少させる。

設例 13 以下の仕訳をしなさい。

　確定申告を行い，先の決算で確定した未払消費税 20,000 円を現金で納付した。

第14章

伝　票

　実務においては，仕訳帳の記録をすべて総勘定元帳に転記する必要がある。このとき，**伝票**と呼ばれる紙片を用いて，取引内容を仕訳が可能な形式で記入することで，取引の記録を分担し，より効率的に転記を行えるようにする仕組みがとられている。伝票は，実際の証憑（しょうひょう）（納品書，受領書，請求書，領収書など）をもとにして記入する。伝票の記入方法は複数あり，1伝票または3伝票，5伝票を用いて記入する。ここでは，1伝票と3伝票の場合の記入方法を示す。

　なお，現在では電子化が進んだ影響により，伝票へ手作業で記入することは減っている。しかし，コンピュータでなされる処理の内容は伝票の仕組みと同じであるため，処理方法を理解しておくことが必要である。

[1] 1伝票制

　1伝票制とは，**仕訳伝票**のみを用いた記入方法である。1伝票制では，取引を，通常の仕訳と同様にして記入する。仕訳伝票は，1取引ごとに1枚使用する。

　伝票に記入された内容は，のちに総勘定元帳へ個別に転記する。このとき，総勘定元帳の仕丁欄には，伝票番号を記入する。ただし，取引件数が多い場合には総勘定元帳への記入の前に仕訳集計表を作成し，借方と貸方のそれぞれの合計額を総勘定元帳へ転記する方法もある。仕訳集計表を作成する場合には，総勘定元帳の仕丁欄には仕訳集計表の番号を記入する。

　伝票へ記入することを**起票**という。実際の起票においては，取引の発生日を記入し，取引の発生順に番号をつける。そして，勘定科目と金額を記入する。

摘要欄がある場合には，取引先名と品名，数量，単価，支払条件を合わせて記入する。

設例1 仕訳伝票に以下の取引を起票しなさい。

宮崎商店は，鹿児島商店より商品15,000円を仕入れた。代金のうち5,000円は現金で支払い，残りは掛とした。

解答

仕 訳 伝 票			伝票 No.XX
発行日　　XX年〇月△日			

借方科目	金　額	貸方科目	金　額
仕　入	15,000	現　金	5,000
		買掛金	10,000
合　計	15,000	合　計	15,000

[2] 3伝票制

3伝票制とは，**入金伝票**，**出金伝票**及び**振替伝票**を用いた記入方法である。入金伝票は赤色，出金伝票は青色，振替伝票は黒色または青色で印刷されることが一般的である。3伝票制は，現金収支を伴う取引と伴わない取引を明確にするために用いられる。現金収支を伴う入金取引は入金伝票に，出金取引は出金伝票に記入する。そして，現金収支を伴わない振替取引は，振替伝票に記入する。

入金取引における借方科目と出金取引における貸方科目は必ず現金になるので，入金伝票と出金伝票には，現金の相手科目を記入する欄のみが設けられている。このとき，1枚に記入されるのは1科目となるようにしなければならな

い。科目が複数となる取引においては，取引の分類が必要となる。

また，伝票の様式によっては摘要欄が存在する。摘要欄がある場合には，取引の内容を簡潔に記入する。

設例 2 入金伝票と出金伝票に以下の取引を記入しなさい。

(1) 鹿児島商店は，宮崎商店に対して商品 50,000 円を売り上げた。代金は現金で受け取った。

(2) 宮崎商店は，鹿児島商店より商品 50,000 円を仕入れた。代金は現金で支払った。

解答

(1)

(鹿児島商店)	入 金 伝 票	伝票 No.XX
	発行日　XX 年〇月△日	

勘定科目	摘　要	金　額
売　上	宮崎商店へ商品売上	50,000
合　計		50,000

(2)

(宮崎商店)	出 金 伝 票	伝票 No.XX
	発行日　XX 年〇月△日	

勘 定 科 目	摘　要	金　額
仕　入	鹿児島商店より商品仕入	50,000
合　計		50,000

振替伝票には，借方の欄と貸方の欄が設けられている。実際の振替伝票に

は，中央にミシン目があり，集計の際に借方と貸方を分離できるようにしてある。借方に計上する勘定科目名と，貸方計上の勘定科目名を記入する際には，1つの取引で科目が複数発生しても，必ず借方と貸方が1つの勘定科目となるように起票しなければならない。

　振替取引には，全く現金収支が伴わない全部振替取引と，一部に現金収支が伴う一部振替取引がある。全部振替取引は，仕訳伝票と同様に記入すればよい。一部振替取引には，起票方法が2とおりある。

　1つ目は，取引を現金収支がある部分とない部分に分解する方法である。分解後，現金収支がある部分は，入金または出金伝票に起票して，残額を振替伝票に起票する。2つ目は，取引を仮に作成し，いったん全部振替取引が発生したことにする方法である。全部振替取引の後，その一部で入金または出金取引が新たに発生したとして，入金または出金伝票で改めて処理する。

設例3　入金伝票，出金伝票及び振替伝票に以下の取引を起票しなさい。
　宮崎商店は，鹿児島商店より商品150,000円を仕入れた。代金のうち50,000円は現金で支払い，残額は掛とした。

....

解答

　宮崎商店で発生した取引は，通常の仕訳を行うと以下のとおりとなる。
　　（借）仕　　　入　　　　150,000　（貸）現　　　金　　　　50,000
　　　　　　　　　　　　　　　　　　　　　　買　掛　金　　　100,000
　この取引は，①取引を分解する方法，②取引を仮に作成する方法，のそれぞれで起票することができる。
①取引を分解する方法
　取引を分解した後の仕訳は以下のとおりとなる。
　　（借）仕　　　入　　　50,000　（貸）現　　　金　　　50,000……（A）
　　　　　仕　　　入　　100,000　　　　買　掛　金　　100,000……（B）
　このうち（A）は現金収支を伴う取引となるので，出金伝票に起票する。
（B）は現金収支を伴わない取引となるので，振替伝票に記載する。

（宮崎商店）	出 金 伝 票	伝票 No.XX

出 金 伝 票

発行日　　XX 年〇月△日

勘 定 科 目	摘　　要	金　　額
仕　入	鹿児島商店より商品仕入	50,000
合　計		50,000

振替伝票（借方）　　伝票 No.XX	振替伝票（貸方）　　伝票 No.XX
発行日　　XX 年〇月△日	発行日　　XX 年〇月△日

勘 定 科 目	金　　額	勘 定 科 目	金　　額
仕　入	100,000	買掛金	100,000
合　計	100,000	合　計	100,000

②取引を仮に作成する方法

　全部振替取引を仮に作成した上で，一部を現金収支取引とする仕訳は以下のとおりとなる。

　　　（借）仕　　　入　　150,000　（貸）買　掛　金　　150,000……（C）
　　　　　　買　掛　金　　 50,000　　　 現　　　金　　 50,000……（D）

　この取引では，仮に仕入のすべてを掛にした後，一部の買掛金代金を現金で支払ったことになる。

　このうち（C）は現金収支を伴わない取引であるので，振替伝票に起票する。（D）は現金収支を伴う取引であるので，出金伝票に起票する。

振替伝票（借方）　　伝票 No.XX	振替伝票（貸方）　　伝票 No.XX
発行日　　XX 年〇月△日	発行日　　XX 年〇月△日

勘 定 科 目	金　　額	勘 定 科 目	金　　額
仕　入	150,000	買掛金	150,000
合　計	150,000	合　計	150,000

（宮崎商店）	出 金 伝 票	伝票 No.XX

発行日　　XX 年〇月△日

勘 定 科 目	摘 要	金 額
買 掛 金	鹿児島商店より買掛金回収	50,000
合 計		50,000

第15章

決算整理(1)── 決算の手続と棚卸資産の評価

[1] 決算の手続

簿記の手続の中で，日常的には次のような手続が行われている。

①簿記上の取引を確定し，それを仕訳する。

②仕訳帳から元帳へ転記する。

すでに第1章でみたように，この段階では，まだ利益は計算できない。利益を計算するためには，さらに**決算**の手続を経なければならない。本章ではそのような決算時に行われる手続を説明するが，それに先立ってその手続の概略をまとめると，次のようになる。

①試算表の作成（第2章で前述）

②棚卸表の作成（第19章で後述）

③精算表の作成（第19章で後述）

すなわちこれらの決算の手続の目的は，第1に日々記帳してきた各勘定のまとめをなし，第2に各勘定に必要な修正を加えて当期の損益を計算し，最終的に報告書としての貸借対照表と損益計算書を作成することにある。

[2] 試算表

決算にあたって，元帳の各勘定の合計額を計算し，まとめたものが試算表である。各勘定の借方，貸方の合計額をそれぞれ合計した表を**合計試算表**とい

い，さらに貸借の差額を計算した表を**残高試算表**という。また，この両者を一表にまとめたものを**合計残高試算表**という。複式簿記の記帳原則から，借方，貸方の合計額は，合計試算表においても残高試算表においても，必ず一致しなければならない。一致がみられないときは，計算間違いなどの記帳ミスが考えられるので，それらの不一致の原因を突き止める必要がある。

［3］決算整理事項

　決算時には，第4章以降，われわれが学習してきた様々な個別の勘定について，修正のための仕訳が必要となるものが出てくる。そのような決算時に必要となる修正事項を，**決算整理事項**という。具体的には，本章から第18章にかけて説明する。このうち本章では，商品にかかる決算整理事項を扱う。

［4］商品についての決算整理

1 ｜ 売上原価の計算

　三分法（第5章）で記帳された商品売買について，商品売買益を計算するために必要な売上原価の計算は，決算にあたって仕入勘定で行われる。ここで簡単に復習すれば，売上原価は次のような計算式で求められる。

売上原価＝期首商品棚卸高＋当期商品仕入高－期末商品棚卸高

　今，期首商品棚卸高110,000円，期末商品棚卸高150,000円とすると，この計算を仕入勘定で行うために，次の仕訳が必要になる。

| （借）仕 　 　 入 | 110,000 | （貸）繰 越 商 品 | 110,000 |
| 繰 越 商 品 | 150,000 | 仕 　 　 入 | 150,000 |

2 ｜ 棚卸資産評価

　期末棚卸高を計算する際に，当該商品の期末における価額がわからなければならない。これは，当該商品の仕入価額が一定であればすぐにわかるが，現実には仕入価額は一定していないのが普通である。そこで，商品の受払に基づいて商品有高帳を作成し，そこで商品の売上にあたっての原価，期末の繰越商品の原価を計算する。個別に性質が異なり，比較的高価な商品の場合は，それぞれについて仕入価格を記録しておくことも可能であり，このような棚卸資産評価方法を個別法という。しかし一般に商業では性質が同じ商品を大量に扱うため，個別法の適用はほとんどの場合，実務上困難である。

　そこで，そのような場合の棚卸資産の評価方法として，**先入先出法**，**移動平均法**，**総平均法**が用いられている。

（1）先入先出法

　先入先出法は，帳簿上先に受け入れた資産が先に払い出されると考えて評価する方法であり，その結果，貸借対照表上の棚卸資産価額は時価に近く評価され，反面，期中に払い出される資産の価額は時価と乖離する。

（2）移動平均法

　移動平均法は，資産の受払のつど，保有資産の平均価額を求め直して評価する方法である。計算が煩雑で端数処理の必要も起きやすい。

（3） 総平均法

　総平均法は，期末に当期の受払額について一括して評価する方法であり，計算が一括されるため移動平均法のような煩雑さはないが，期中には資産の評価額がわからないという欠点がある。

　以上の３つの棚卸資産の評価方法を［設例１］により例示すると，以下のようになる。

①先入先出法，②移動平均法，③総平均法，によってそれぞれ
商品有高帳を作成し，当月末の棚卸高を計算しなさい。なおA商品の前
月繰越高，及び当月中の受払高は以下のとおりである。

前期繰越高			50個	@180円	計 9,000円
期中受払高	5月2日	仕入	100個	@210円	21,000円
	11日	売上	125個	@300円	37,500円
	19日	仕入	150個	@228円	34,200円
	26日	売上	50個	@310円	15,500円

解答

①先入先出法

商 品 有 高 帳

A 商 品

XX年		摘要	受 入			払 出			残 高		
			数量	単価	金額	数量	単価	金額	数量	単価	金額
5	1	前月繰越	50	180	9,000				50	180	9,000
	2	仕 入	100	210	21,000				100	210	21,000
	11	売 上				50	180	9,000			
						75	210	15,750	25	210	5,250
	19	仕 入	150	228	34,200				150	228	34,200
	26	売 上				25	210	5,250			
						25	228	5,700	125	228	28,500
	31	次期繰越				125	228	28,500			
			300		64,200	300		64,200			

②移動平均法

商 品 有 高 帳

A 商 品

XX年		摘要	受　入			払　出			残　高		
			数量	単価	金額	数量	単価	金額	数量	単価	金額
5	1	前月繰越	50	180	9,000				50	180	9,000
	2	仕　入	100	210	21,000				150	200	30,000
	11	売　上				125	200	25,000	25	200	5,000
	19	仕　入	150	228	34,200				175	224	39,200
	26	売　上				50	224	11,200	125	224	28,000
	31	次期繰越				125	224	28,000			
			300		64,200	300		64,200			

③総平均法

商 品 有 高 帳

A 商 品

XX年		摘要	受　入			払　出			残　高		
			数量	単価	金額	数量	単価	金額	数量	単価	金額
5	1	前月繰越	50	180	9,000				50	180	9,000
	2	仕　入	100	210	21,000				150		
	11	売　上				125	214	26,750	25		
	19	仕　入	150	228	34,200				175		
	26	売　上				50	214	10,700	125	214	26,750
	31	次期繰越				125	214	26,750			
			300		64,200	300		64,200			

3 | 棚卸減耗

　期末には実地棚卸が行われ，ここで現実に保有する商品数量（実地数量）が確認される。この数量は，理想的には帳簿上に記載されている商品数量（帳簿数量）と一致しなければならないが，現実には，盗難，汚損，破損などの理由で一致しないことが多い。この場合，帳簿上の商品額を，現実に一致させる必要がある。このような，棚卸の結果として商品の数量不足から生じる損失は，**棚卸減耗損**勘定（費用）で処理する。

棚卸減耗損＝＠原価×（帳簿数量－実地数量）

<hr>

設例2　以下の仕訳をしなさい。

　Ａ商品（原価＠120円）は帳簿上54個あるはずであったが，棚卸の結果，現実に販売可能なのは50個と判明した。

- -

解答

　（借）棚卸減耗損　　　　　480　　（貸）繰越商品　　　　　480

4 | 商品評価損

　期末において，商品は原価と時価のうち，常に低い方を選択する**低価法**により原則評価される。すなわち，原価≦時価の場合は原価のまま評価されるが，原価＞時価の場合は原価を時価まで切り下げる必要がある。このような損失は**商品評価損**勘定（費用）で処理する。

　　　　原価≦時価の場合　　　原価のまま

　　　　原価＞時価の場合　　　原価を時価まで切り下げる
　　　　　　　　　　　　　　　商品評価損＝（@原価－@時価）×実地数量

　設例3　以下の仕訳をしなさい。
　　A商品（原価@120円，50個保有）の時価を調査したところ，@100円と判明したため，低価法により再評価を行う。

　解答
　　（借）商品評価損　　　　　1,000　　（貸）繰越商品　　　　　1,000

第16章

決算整理（2）── 引当金

1 引当金

引当金は，将来発生するであろう特定の費用や損失の一部を，決算時に当期分の費用としてあらかじめ計上する処理である。引当金には，**評価性引当金**（本章では，貸倒引当金が該当する）と，**負債性引当金**（本章では，貸倒引当金以外の引当金が該当する）がある。負債性引当金は，負債の勘定となる。

2 貸倒損失と貸倒引当金

売掛金や受取手形などの債権は，回収できなくなることがある。たとえば，得意先が突然倒産したときなどをイメージするとよい。これを貸倒という。貸倒があったときは，**貸倒損失**勘定（費用）で処理する。ただし，前期以前の決算において貸倒引当金の設定があった場合（後述）は，貸倒損失による処理ではなく貸倒引当金の取り崩しで処理することができる。

決算では，将来の貸倒の発生に備えてこれを見積計上することができる。具体的には，**貸倒引当金**勘定を用いて，将来の貸倒の発生に備えるとともに，**貸倒引当金繰入**を計上してこれを当期の費用とする。

なお，貸倒引当金は，評価性引当金に分類され，債権に対する控除項目（マイナスの資産）である。

なお，前期に設定した貸倒引当金が，今期決算で設定する貸倒引当金の金額よりも大きいことがある。この場合は，貸倒引当金を減額するとともに，**貸倒引当金戻入益**勘定（収益）で処理する。また，過去に貸倒として処理してあっ

た債権が回収できた場合，これを**償却債権取立益**勘定（収益）で処理する。

設例 1 以下の仕訳をしなさい。

(1) 売掛金 50,000 円が貸倒となった。なお，貸倒引当金に残高はない。

(2) 期末を迎え，貸倒引当金 20,000 円を設定する。

(3) 次期末を迎え，貸倒引当金 30,000 円を設定することとなったが，前期に設定した貸倒引当金 20,000 円が残高として残っている。（差額補充法による。）

(4) 売掛金 60,000 円が貸倒となった。

(5) 再度，期末を迎え，売掛金の残高 10 万円に対して貸倒引当金を設定することとなった。過去の貸倒実績により，5%の貸倒を見積る。なお，(4) のため，貸倒引当金の残高はない。

- -

解答

(1)	(借) 貸 倒 損 失	50,000	(貸) 売 掛 金	50,000
(2)	(借) 貸倒引当金繰入	20,000	(貸) 貸 倒 引 当 金	20,000
(3)	(借) 貸倒引当金繰入	10,000	(貸) 貸 倒 引 当 金	10,000
(4)	(借) 貸 倒 引 当 金	30,000	(貸) 売 掛 金	60,000
	貸 倒 損 失	30,000		
(5)	(借) 貸倒引当金繰入	5,000	(貸) 貸 倒 引 当 金	5,000

※ (3) については，10,000 円を繰り入れることで最終的な残高が 30,000 円となる。前期の残高に増減して目標とする残高額に合わせる，と考えてもよい。これを**差額補充法**という。

※ (4) については，貸倒引当金の残高が 30,000 円あったことから，60,000 円全額を貸倒損失とせずに，一部を引当金の取り崩しとすることで対応できたものと考えてよい。

設例 2 以下の仕訳をしなさい。

(1) 決算において，貸倒引当金 40,000 円を設定する。なお，前期に設定した貸倒引当金 50,000 円が残高として残っている。

(2) 前期においてすでに貸倒として処理してあった売掛金について，その
　　一部である 20,000 円が現金で回収された。

解答

(1)（借）貸 倒 引 当 金　10,000　（貸）貸倒引当金戻入益　10,000
(2)（借）現　　　　　　金　20,000　（貸）償却債権取立益　20,000

[3] 🏃‍♂️ 修繕引当金

　決算において，将来の修繕費の発生に備えて**修繕引当金**を設定することがあ
る。この際，**修繕引当金繰入**を計上してこれを当期の費用とする。貸倒引当金
と同様に，後日実際の修繕費が発生した場合にはこれを取り崩す処理を行う。

設例3　以下の仕訳をしなさい。
(1) 期末を迎え，修繕引当金 40,000 円を設定する。
(2) 次期を迎え，建物の修繕を行い，修繕費 50,000 円を小切手で支払っ
　　た。

解答

(1)（借）修繕引当金繰入　40,000　（貸）修 繕 引 当 金　40,000
(2)（借）修 繕 引 当 金　40,000　（貸）当 座 預 金　50,000
　　　　　修　繕　費　10,000

[4] 🏃‍♂️ 賞与引当金

　次期に支給される賞与のうち，当期の労働の対価と見なされる部分がある場
合には，決算において**賞与引当金**を設定する。また，この設定に際しては，**賞**

与引当金繰入を計上してこれを当期の費用とする。後日，実際の賞与が発生した場合にはこれを取り崩す処理を行う。

設例 4　以下の仕訳をしなさい。

(1) 決算につき，次期に支給見込の賞与に関連して，賞与引当金 80,000 円を設定した。
(2) 次期の賞与支給日を迎え，15 万円が当座預金口座から支払われた。

- -

解答

(1)	(借) 賞与引当金繰入	80,000	(貸) 賞与引当金	80,000
(2)	(借) 賞与引当金	80,000	(貸) 当座預金	150,000
	賞与	70,000		

---

[5] 退職給付引当金

将来従業員に対して支払う退職金の見積額のうち，当期分の費用と見なされる部分については，決算に際して**退職給付引当金**を設定する。また，この設定に際しては，**退職給付費用**を計上してこれを当期の費用とする。後日，従業員が退職し退職金を支払うときには，この引当金を取り崩す。

設例 5　以下の仕訳をしなさい。

なお，退職給付の方法は，内部積立方式による。
(1) 決算に際し，退職給付引当金の当期繰入額は 90,000 円と計算された。
(2) 従業員が退職したため，退職金 50,000 円を現金で支払った。

- -

解答

(1)	(借) 退職給付費用	90,000	(貸) 退職給付引当金	90,000
(2)	(借) 退職給付引当金	50,000	(貸) 現金	50,000

以上は，企業自身が内部で退職給付についての資金を積み立てる場合，すなわち**内部積立方式による退職給付の処理**である。一方で，**外部積立方式による退職給付**もある。これは，外部の基金等に掛金を支払うことにより，当社に代わってこの基金が退職金の積立を行う方式である。この場合，従業員の退職などに際しては，当該基金等が従業員に対して退職金を支払う。

設例6　以下の仕訳をしなさい。

　なお，退職給付の方法は，外部積立方式による。

(1) 決算に際し，退職給付引当金の当期繰入額は90,000円と計算された。

(2) 次期を迎え，外部の基金に対し，掛金10,000円を現金で支払った。

(3) 従業員が退職したため，外部の基金より，退職金50,000円が支払われた。

- - - - - - -

解答

(1) （借）退職給付費用　　90,000　（貸）退職給付引当金　　90,000
(2) （借）退職給付引当金　10,000　（貸）現　　　　　金　　10,000
(3) 仕訳なし

---

[6] 🏃 売上割戻引当金

　将来の売上割戻しのうち，当期に発生原因があると見なされる部分（当期販売分）に関しては，**売上割戻引当金**を設定する。この際，**売上割戻引当金繰入**を計上してこれを当期の費用とする。次期において，実際に前会計年度販売分の商品に対する売上割戻があった場合には，売上割戻引当金を取り崩す。なお，当期に販売した商品についての割戻があった場合には，通常の割戻と同様に売上から控除する処理を行う。

> **設例7** 以下の仕訳をしなさい。
>
> (1) 決算に際し，60,000円の売上割戻引当金を設定する。
> (2) 次期を迎え，得意先に対し40,000円の割戻を行った。この割戻は，得意先に対する売掛金と相殺することとした。なお，40,000円のうち30,000円については前会計年度に販売した商品に関するものであった。
>
> ----
>
> **解答**
>
> (1) (借) 売上割戻引当金繰入　60,000　(貸) 売上割戻引当金　60,000
> (2) (借) 売上割戻引当金　　　30,000　(貸) 売　　掛　　金　40,000
> 　　　　 売　　　　　上　　 10,000

[7] 👨‍💼 返品調整引当金

　商品の販売後，販売先が返品を求めたときには，販売元はこの商品の買い戻しに応じるという契約を結んでいた場合，販売元は決算時に将来の返品に備えて**返品調整引当金**を設定する。この際，**返品調整引当金繰入**を計上してこれを当期の費用とする。返品調整引当金は，予想される返品についての利益部分を計算して設定される。次期において，実際に返品があった場合には，その利益部分については返品調整引当金を取り崩し，原価部分については通常の返品と同様に，仕入とする。

> **設例8** 以下の仕訳をしなさい。
>
> (1) 決算に際し，返品調整引当金を設定する。次期に返品が予想される商品の売価は合計で10万円，売上高利益率は20%であった。
> (2) 次期を迎え，前会計年度に掛で販売した商品のうち，50,000円が返品された。なお，この商品の原価は40,000円である。
>
> ----

解答

(1) （借）返品調整引当金繰入　20,000　（貸）返品調整引当金　20,000
(2) （借）仕　　　　　　　入　40,000　（貸）売　　掛　　金　50,000
　　　　返品調整引当金　10,000

[8] 🚶‍➡️ 商品保証引当金

　商品の販売後，必要に応じて修理を行うという保証をつけている場合には，決算においてこの保証に関する金額を見積り，引当金を設定することとなる。これを**商品保証引当金**という。商品保証引当金の設定に際しては，**商品保証引当金繰入**を計上してこれを当期の費用とする。なお，製造業の場合には，製品保証引当金勘定が用いられる。

設例9　以下の仕訳をしなさい。

(1) 決算に際し，商品保証引当金 70,000 円を設定する。
(2) 次期を迎え，前会計年度に販売した商品について修理の申し出があり，販売時の契約に従い無償でこれに応じた。この修理にかかった費用 10,000 円は現金で支払った。

解答

(1) （借）商品保証引当金繰入　70,000　（貸）商品保証引当金　70,000
(2) （借）商品保証引当金　10,000　（貸）現　　　　　金　10,000

第17章

決算整理（3）──固定資産の減価償却と償却

[1] 減価償却

　建物など有形固定資産の価値は，時の経過や使用によって徐々に減少していく。この価値の減少分を，決算時に減価償却費として費用化する処理を**減価償却**という。

　減価償却費の計算方法には様々なものがあるが，ここでは**定額法**，**定率法**，**生産高比例法**を見ることとする。

　なお，土地のように，有形固定資産であっても，時の経過によってその価値が減少しないものは，減価償却の対象とならない。

1 ┃ 定額法

　定額法は，固定資産の価値は，その固定資産の**耐用年数**（固定資産を利用可能な年数）にわたって毎期均等に減少していくと考え，減価償却費を計算する方法である。定額法による減価償却費は，次の計算式によって求められる。

$$減価償却費＝（取得原価－残存価額）÷耐用年数$$

　ここで**残存価額**とは，耐用年数経過後にも残る固定資産の価値のことを指す。なお，税法では残存価額を廃止し，1円の備忘価額を残して償却することとしており，実務ではこの方法が広くとられている。

2 ｜ 定率法

定率法は，固定資産の価値の減少は，その固定資産の使用期間の初期が最も大きく，その後逓減していくと考え，減価償却費を計算する方法である。定率法による減価償却費は，次の計算式によって求められる。

減価償却費＝簿価×償却率

3 ｜ 200％定率法

200％定率法は，定率法の一種であり，定額法の償却率を2倍（200％）にしたものを定率法の償却率として用いて減価償却費を計算する方法である。200％定率法における償却率は，次の計算式によって求められる。

200％定率法における償却率＝1÷耐用年数×2

なお，定額法と定率法は，有形固定資産の価値の減少は，時の経過によって生じるという考えのもとで行われる。そのため，有形固定資産を期中に取得した場合は，その取得日から決算日までの減価償却費を月割で計算することになる。

4 ｜ 生産高比例法

生産高比例法は，固定資産の価値は，その固定資産を使用（利用）した分だけ減少すると考え，減価償却費を計算する方法である。生産高比例法による減価償却費は，次の計算式によって求められる。

$$減価償却費＝（取得原価－残存価額）×\frac{当期利用量}{総利用可能量}$$

5 | 減価償却の記帳

（1）間接法

減価償却の記帳（仕訳）の方法には，直接法と間接法がある。**間接法**は，減価償却費の額を対象の固定資産から直接減額せず，次のように**減価償却累計額**勘定を設けて処理をする。

（借）減 価 償 却 費　　×××　（貸）減価償却累計額　　×××

間接法による場合，貸借対照表に表示される各固定資産勘定の金額は，その固定資産の取得原価を表している。したがって，簿価は，当該取得原価から減価償却累計額を差し引いて求められる。

（2）🏃 直接法

一方，**直接法**は，次のように，減価償却費の額を各固定資産から直接減額する処理をする。

（借）減 価 償 却 費　　×××　（貸）建　　　　　物　　×××

設例1 以下の仕訳をしなさい。

（1）当期の期首（X1年4月1日）に建物を1,000万円で取得している。決算（X2年3月31日）につき，この建物の減価償却を行う。減価償却の方法は定額法を採用し（残存価額は取得原価の10%，耐用年数は30年），記帳は間接法による。

（2）当期の期首（X1年4月1日）に備品を200万円で取得している。決算（X2年3月31日）につき，この備品の減価償却を行う。減価償却の方法は定率法を採用し（償却率10%），記帳は間接法による。

（3）当期の期首（X1年4月1日）に備品を100万円で取得している。決算（X2年3月31日）につき，この備品の減価償却を行う。減価償却の方法は，200%定率法を採用し（耐用年数5年），記帳は間接法による。

---

(4) 期中（X1 年 12 月 1 日）に備品を 60 万円で取得している。決算（X2 年 3 月 31 日）につき，この備品の減価償却を行う。減価償却の方法は定額法を採用し（残存価額は取得原価の 10%，耐用年数は 6 年），記帳は間接法による。

(5) 当期の期首（X1 年 4 月 1 日）に営業用車両を 300 万円で取得している。決算（X2 年 3 月 31 日）につき，この車両の減価償却を行う。減価償却の方法は生産高比例法を採用し（残存価額は取得原価の 10%，車両の総走行可能距離は 30,000km，当期走行距離は 1,000km），記帳は直接法による。

解答

(1) （借）減価償却費　　300,000　　（貸）建物減価償却累計額　　300,000
　　※10,000,000×0.9÷30

(2) （借）減価償却費　　200,000　　（貸）備品減価償却累計額　　200,000
　　※2,000,000×0.1

(3) （借）減価償却費　　400,000　　（貸）備品減価償却累計額　　400,000
　　※1,000,000×1÷5×2

(4) （借）減価償却費　　 30,000　　（貸）備品減価償却累計額　　 30,000
　　※600,000×0.9÷6×4÷12

(5) （借）減価償却費　　 90,000　　（貸）車両運搬具　　　　　　 90,000

　　$※3,000,000×0.9×\dfrac{1,000}{30,000}$

[2] 👣 無形固定資産の償却

　無形固定資産も有形固定資産同様，時の経過に伴いその価値が減少すると考え，償却を行う。ただし，無形固定資産の償却は，残存価額をゼロとした**定額法**を採用し，**直接法**で記帳する。耐用年数は，各無形固定資産に応じて次のようになる。

- 特許権や商標権等，法律上の権利…法律で定められた各権利の耐用年数
- ソフトウェア…5 年以内
- のれん…20 年以内

　また，無形固定資産の償却は，減価償却費勘定ではなく，特許権償却やソフトウェア償却のように，当該無形固定資産の勘定名を用いて記入する。

　設例2　以下の仕訳をしなさい。

(1) 当期の期首に特許権を 40 万円で取得している。決算につき，償却を行う。この特許権の耐用年数は 8 年である。

(2) 当期の期首にソフトウェアを 20 万円で取得している。決算につき，償却を行う。このソフトウェアの耐用年数は 5 年である。

(3) 当期の期首に青森商店を買収し，60 万円ののれんが発生している。決算につき，償却を行う。このれんの耐用年数は 20 年である。

　　解答

(1) (借) 特 許 権 償 却　50,000　(貸) 特　　許　　権　50,000
(2) (借) ソフトウェア償却　40,000　(貸) ソ フ ト ウ ェ ア　40,000
(3) (借) の れ ん 償 却　30,000　(貸) の　　れ　　ん　30,000

決算整理（4）
——費用・収益の期末処理と税効果会計

[1] 費用・収益の未収・未払と前受・前払

　現代の複式簿記における収益・費用は，期間損益計算のため，当該会計期間に適正に計上することが求められる。期中に収益・費用として計上されている受取額・支払額は，必ずしも当該会計期間に帰属する収益・費用と一致していない。このため，用役提供等の事実に照らして収益及び費用の額を修正する必要がある。商品などの形のあるものではなく，未収・未払と前受・前払については，当期に帰属するはずの収益・費用を計上してから相手勘定を考えるとわかりやすい。修正に用いる相手勘定を**経過勘定**と呼ぶ。

			用役	対価
未収・未払	収益	用役の提供を行ったが，対価を受け取っていない	○	×
	費用	用役の提供を受けたが，対価を支払っていない	○	×
前受・前払	収益	対価を受け取ったが，用役の提供を行っていない	×	○
	費用	対価を支払ったが，用役の提供を受けていない	×	○

1 ｜ 未収・未払

　決算日までに計上されていないが，当期に帰属する収益・費用を収益・費用に計上し，相手勘定として収益であれば未収○○，費用であれば未払○○を計上する。未収○○は貸借対照表上に資産，未払○○は負債として計上され，次期に繰り越される。なお，まとめて未収収益，未払費用として表示することもある。

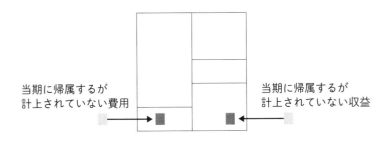

当期に帰属するが
計上されていない費用

当期に帰属するが
計上されていない収益

設例1 以下の仕訳をしなさい。

毎年6月と12月の末に半年分の利息60,000円を受け取っている。3月末日に決算日を迎えた。

解答

3/31 （借）未 収 利 息　　　30,000 （貸）受 取 利 息　　　30,000

決算日は3月31日なので，会計期間は4月1日から3月31日となる。

利息は12月末までしか受け取っておらず，1月〜3月分の受取利息が記帳されていない。このため，決算の際，1月から3月までの3ヶ月分の受取利息30,000円を見越して計上する。

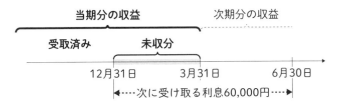

受取利息

	90,000	← 4〜12月分は受取済み
3/31 未収利息　30,000		← 1〜3月分を見越し計上

精算表

勘定科目	試算表		修正記入		損益計算書		貸借対照表	
受取利息	90,000			30,000		120,000		
未収利息			30,000				30,000	

設例2 以下の仕訳をしなさい。

　3月分の家賃20万円をまだ支払っていない。3月末日に決算日を迎えた。

....

解答

3/31 （借）支 払 家 賃 　　200,000 （貸）未 払 家 賃 　　200,000

---

2 ｜ 前受・前払

　決算日までに記帳されていても，次期以降に帰属する収益・費用は当期の損益計算書には計上しない。貸借を逆に記帳してその分をマイナスし，相手勘定として収益であれば前受○○，費用であれば前払○○を計上する。前受○○は貸借対照表上に負債，前払○○は資産として計上され，次期に繰り越される。なお，まとめて前受収益，前払費用として表示することもある。

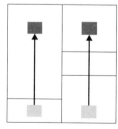

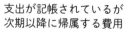
支出が記帳されているが　　　　　　　　　　　収入が記帳されているが
次期以降に帰属する費用　　　　　　　　　　　次期以降に帰属する収益

設例3 以下の仕訳をしなさい。

9月1日に1年分の地代120万円を受け取っている。3月末日に決算日を迎えた。

解答

3/31 (借) 受 取 地 代　　500,000　(貸) 前 受 地 代　　　500,000

設例4 以下の仕訳をしなさい。

X1年1月1日に3年分の保険料18万円を支払い，全額を支払保険料として費用に計上した。3月末日に決算日を迎えた。

解答

3/31 (借) 前 払 保 険 料^(※1)　　60,000　(貸) 支払保険料　　165,000
　　　　　長期前払費用^(※2)　105,000

※1は前払費用，※2は長期前払保険料でもよい。

　保険料を3年（36ヶ月）で割ると，1ヶ月分の保険料は5,000円となる。当期に帰属する費用は，X1年1月からX1年3月までの3ヶ月分だけであり，X1年4月以降の費用は前払いであるから，当期の費用に記帳していた支払保険料のうち，当期の3ヶ月分15,000円を控除した33ヶ月分の165,000円を資産として決算で修正することになる。資産計上する前払いのうち，1年以内は前払保険料か前払費用として流動資産に表示され，1年を超えた分は長期前払費用か長期前払保険料として，固定資産の投資その他の資産に表示される。

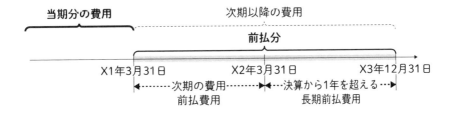

3 | 再振替仕訳（再修正仕訳）

経過勘定は，決算時に資産あるいは負債として貸借対照表に計上して次期に繰り越すが，次期の期首に再振替仕訳を行い，再び費用または収益の諸勘定に戻す。

設例5 ［設例1］の次期の期首の仕訳をしなさい。

解答

4/1 （借）受 取 利 息	30,000	（貸）未 収 利 息	30,000

受取利息

1～3月分 → 4/1 未収利息 30,000	6/30 当座預金 60,000 ← 1～6月分

2 | 貯蔵品

事務用品，切手，収入印紙などは，購入時に消耗品費，通信費，租税公課などの費用で計上されている。購入時に資産に計上し，決算日等に消費部分を費用とする方法もあるが，購入時に費用に計上している企業が多く，その場合には，決算日等に実査を行って未消費分を資産に計上することになる。1年以内または少額であるもの（「消耗品，消耗工具，器具及び備品その他の貯蔵品であって，相当な価額以上のもの」（会社計算規則74 3.一ヲ））が流動資産となるので，未消費部分を貯蔵品として流動資産に振り替える。なお，重要性の乏しいものは資産計上せずともよく，また税法上も毎期一定を購入し，経常的に消耗している事務用消耗品は消耗品費で損金処理できることから，実際には振替処理を行わない会社も多い。

設例 6 以下の仕訳をしなさい。

　決算日に実地棚卸を行った。未使用の収入印紙が 10 万円分あることがわかった。

解答

　（借）貯　蔵　品　　　　100,000　（貸）租 税 公 課　　　　100,000

---

[3] 👣 有価証券の期末処理

　第 9 章で見たように，有価証券は，保有目的等に応じて，売買目的有価証券，満期保有目的の債券，子会社株式及び関連会社株式，その他有価証券に分類される。この分類に応じて，貸借対照表価額や評価差額等の期末処理方法，財務諸表における表示科目がそれぞれ定められている。

1 │ 売買目的有価証券

　売買目的有価証券は，時価をもって貸借対照表価額とし，流動資産に**有価証券**として表示する。評価差額は当期の損益として処理する。

　評価差額の計上方法には，計上した評価差額を次期の期首に振戻仕訳を行う洗替法と，振戻仕訳を行わない切放法がある。売却時または決算時の有価証券の帳簿価額は，洗替法の場合にはその有価証券の取得価額となる一方，切放法の場合にはその有価証券の前期末の時価になるという違いが生じる。

設例 7 以下の仕訳をしなさい。

　売買目的で保有している長崎株式会社の株式（取得原価 5,750 円）の期末時価は 6,250 円であった。X1 年 3 月 31 日に決算日を迎えた。

解答

①切放法

  X1 年 3 月 31 日

    （借）売買目的有価証券　　500　（貸）有価証券評価益　　500

  X1 年 4 月 1 日

    仕　訳　な　し

②洗替法

  X1 年 3 月 31 日

    （借）売買目的有価証券　　500　（貸）有価証券評価益　　500

  X1 年 4 月 1 日

    （借）有価証券評価益　　500　（貸）売買目的有価証券　　500

なお，いずれの場合も X1 年度の精算表は以下のようになる。

精算表

勘定科目	試算表		修正記入		損益計算書		貸借対照表	
売買目的有価証券	5,750		500				6,250	
有価証券評価益				500		500		

2 ｜ 満期保有目的の債券

　満期保有目的の債券は，取得原価をもって貸借対照表価額とし，満期到来まで 1 年以内であれば流動資産に**有価証券**として，1 年を超えていれば固定資産に**投資有価証券**として表示する。

　ただし，その債券を債券金額と異なる価額で取得した場合において，取得価額と債券金額との差額の性格が金利の調整と認められるときは，償却原価法に基づいて算定された価額をもって貸借対照表価額としなければならない。**償却**

原価法とは，取得価額と債券金額との差額を償還期まで毎期一定の方法（利息法または定額法）で取得価額に加減し，その加減額を受取利息に含めて処理する方法をいう。

設例8 以下について各決算日における仕訳をしなさい。

X1年4月1日に長崎株式会社の社債（額面10万円，期間5年，利息は年利1％，利払日は3月末と9月末，償還日はX6年3月31日，満期保有目的の債券に分類）を98,000円で取得した。当社の決算日は3月31日，満期時は現金で受け取る。償却原価法には定額法を採用しており，決算日に計上している。

- -

解答

X1～X4年度の決算日

（借）現 金	500	（貸）有価証券利息	900
満期保有目的債券	400		

X5年度の決算日及び満期償還日

（借）現 金	500	（貸）有価証券利息	900
満期保有目的債券	400		
現 金	100,000	満期保有目的債券	100,000

　償却原価法では，5年後に10万円が還ってくる社債を98,000円で安く買えた理由を，2,000円分の利息をあらかじめ受け取ったからであると考える。そして，2,000円を5年分の利息として，400円（2,000円÷5年）を各年の利息として配分すると考える。したがって，決算時は，この400円と各利払日において現金で収受する利息500円（半年分）の合わせて900円を**有価証券利息**として計上する。

3 │ 子会社株式及び関連会社株式

子会社株式及び関連会社株式は，取得原価をもって貸借対照表価額とし，両者を合わせて，固定資産に**関係会社株式**として表示する。取得原価を貸借対照表価額とするため，原則として，子会社株式及び関連会社株式については，決算時の特別な処理は不要である。ただし，連結財務諸表では，子会社株式は子会社純資産の実質価額を反映し，関連会社株式は持分法によって評価するため，個別財務諸表上の処理方法とは異なる。

4 │ その他有価証券

その他有価証券は，時価をもって貸借対照表価額とする。その他有価証券は，原則として固定資産に投資有価証券として表示する。ただし，満期日まで1年以内の債券は，流動資産に有価証券として表示する。

その他有価証券についても，金利の調整と認められる取得差額が生じている債券は，利息の合理的な期間配分を目的として償却原価法を適用して有価証券利息の修正を行う。これは，満期保有目的の債券と同様である。

時価と取得原価（または償却原価）との差額は評価差額として，洗替法に基づき，次のいずれかの方法により処理する。

①全部純資産直入法：評価差額の合計額を純資産の部に計上する方法

②部分純資産直入法：時価が取得原価または償却原価を上回る銘柄の評価差額は純資産の部に計上し，時価が取得原価または償却原価を下回る銘柄の評価差額は当期の損失として処理する方法

部分純資産直入法はより上級の会計処理となるが，比較のため，以下の設例に示しておく。

設例9 以下の仕訳をしなさい。

その他有価証券に分類される山形株式会社の株式及び金沢株式会社の株

式の取得価額と期末時価は以下のとおりであった。X1 年 3 月 31 日に決算日を迎えた。ただし，税効果は考慮しない。

　　　　山形株式会社　取得価額　100,000 円　期末時価　125,000 円
　　　　金沢株式会社　取得価額　200,000 円　期末時価　190,000 円

解答

①全部純資産直入法

　3/31　（借）その他有価証券　25,000　　（貸）その他有価証券評価差額金　25,000
　　　　　　　その他有価証券評価差額金　10,000　　　　　その他有価証券　10,000

②部分純資産直入法

　3/31　（借）その他有価証券　25,000　　（貸）その他有価証券評価差額金　25,000
　　　　　　　その他有価証券評価損　10,000　　　　　その他有価証券　10,000

　その他有価証券評価差額金は，貸借対照表の純資産の部における評価・換算差額等であるのに対して，その他有価証券評価損は，損益計算書における営業外費用である。

　なお，正しくは，その他有価証券の評価差額については，以下のように税効果会計を適用しなければならない。

設例 10　以下の仕訳をしなさい。

　その他有価証券に分類される山形株式会社の株式及び金沢株式会社の株式取得価額と期末時価は以下のとおりであった。X1 年 3 月 31 日に決算日を迎えた。なお，実効税率は 40%とする。

　　　　山形株式会社　取得価額　100,000 円　期末時価　125,000 円
　　　　金沢株式会社　取得価額　200,000 円　期末時価　190,000 円

解答

①全部純資産直入法

　3/31　（借）その他有価証券　25,000　　（貸）その他有価証券評価差額金　15,000

		繰 延 税 金 負 債	10,000
その他有価証券評価差額金	6,000	その 他 有 価 証 券	10,000
繰 延 税 金 資 産	4,000		

②部分純資産直入法

3/31	(借) その他有価証券	25,000	(貸) その他有価証券評価差額金	15,000
			繰 延 税 金 負 債	10,000
	その他有価証券評価損	10,000	その 他 有 価 証 券	10,000
	繰 延 税 金 資 産	4,000	法 人 税 等 調 整 額	4,000

　その他有価証券評価差額金が貸方になる場合，その他有価証券評価差額金の額から繰延税金負債の額を控除し，残額をその他有価証券評価差額金として計上する。その他有価証券評価差額金が借方になる場合，全部純資産直入法を適用するときには，その他有価証券評価差額金の額から繰延税金資産の額を控除し，残額をその他有価証券評価差額金として計上するというようにほぼ同じ扱いとなるが，部分純資産直入法を適用するときには，評価差額が損益計算項目となるため，同じく損益計算項目である法人税等調整額を用いて繰延税金資産を計上することになる。

[4] 税効果会計

　税効果会計とは，企業会計上の資産または負債の額と課税所得計算上の資産または負債の額が相違する場合に，法人税等の額を適切に期間配分することによって，法人税等控除前当期純利益と法人税等を合理的に対応させることを目的とする手続をいう。

　本書で対象としている企業会計は，企業の財政状態と経営成績の算定や報告を目的とするものである。これに対して，課税所得計算は，その名のとおり，法人税，住民税，事業税のような税金の課税所得の計算を目的とするものである（第13章を参照）。両者の金額は比較的近似するが，それぞれの目的が異な

るため，収益や費用の帰属年度が相違する場合と，資産の評価替えにより生じた評価差額が純資産に直入され，それが課税所得の計算に含まれない場合に，両者の金額は一致しない。これらの時間の経過によって解消する差異（一時差異）が税効果会計の対象となる（企業会計と課税所得計算の根本的な違いから生じる差異は税効果会計の対象とならない）。一時差異には非常に多くの項目があるが，本書の学習範囲では，貸倒引当金に係る一時差異，減価償却に係る一時差異，その他有価証券に係る一時差異，連結財務諸表における全面時価評価法適用時の一時差異（第22章）の4項目が必要となる。

税効果会計の基本的な計算は，一時差異の額に，その一時差異が解消すると見込まれる期の税率を乗じて**繰延税金資産**または**繰延税金負債**を算定し，その繰延税金資産または繰延税金負債の期首から期末への増減額を当期に納付すべき法人税等の調整額として計上することによってなされる。法人税の基礎概念，解消見込みの有無など一時差異の範囲，一時差異が発生期のものか解消期のものかによる乗じる税率，繰延税金資産や繰延税金負債の貸借対照表能力など，税効果会計には興味深い論点が多々あるが，本書の範囲における技術的な金額算定はそれほど難しくない。

設例11 以下について税効果会計に関する仕訳をしなさい。

なお，法人税等の実効税率は30％とする。

(1) X1年度の決算において，売掛金の期末残高に対して貸倒引当金を10,000円計上したが，税法上の損金算入限度額は9,000円であった。X1年度の期首には，貸倒引当金の損金算入限度超過額はなかった。

(2) X2年度の期中に，X1年度に損金不算入とされた売掛金の全額が貸し倒れ，貸倒引当金1,000円を取り崩した。

··

解答

X1年度決算日

(1) （借）繰延税金資産　　　300　（貸）法人税等調整額　　　300

X2年度決算日

(2) （借）法人税等調整額	300	（貸）繰延税金資産	300

　X1年度の決算において，貸倒引当金という資産（の評価勘定）の期末残高は，企業会計上が10,000円であるのに対して，課税所得計算上は9,000円であるから，1,000円の一時差異が生じている。これに実効税率30％を乗じた300円が繰延税金資産である。繰延税金資産は，将来納付する税金の前払いとしての意味もあるため，それに対応する費用（法人税等）を相手勘定として仕訳を行う。

　X2年度は，期中取引と決算手続の両方が必要である。まず期中の貸し倒れについて，

（借）貸倒引当金	1,000	（貸）売　掛　金	1,000

の仕訳が必要である。この仕訳によって，一時差異の原因である貸倒引当金が消滅したため，必要な繰延税金資産の残高もゼロとなる。X1年度の300からゼロへと300の減少となる。ただし，貸し倒れの仕訳は期中（貸倒時）であるのに対して，繰延税金資産と法人税等調整額に関する仕訳は他の項目と合わせて決算時に行う。

　なお，貸借対照表における表示は，繰延税金資産は投資その他の資産の区分に表示し，繰延税金負債は固定負債の区分に表示する。［設例12］のように，1年以内の解消が期待される繰延税金資産についても，1年基準にはよらず一律の扱いとなるので注意が必要である。

　法人税法上は，貸倒引当金を繰り入れることのできる適用法人が「資本金の額若しくは出資金の額が1億円以下の法人のうち100％子法人等を除く法人」などの一定の条件を満たす会社に限定されている。企業会計上の貸倒引当金繰入額は費用または損失とされるが，税法上は計上年度の損金の額に認められない場合があり，この場合は別表四で貸倒引当金繰入超過額を加算留保する。

設例12　以下の仕訳をしなさい。

　株式会社である当社がX1年度の期首に取得した保守点検用の車両（取得原価64万円，残存価額ゼロ，耐用年数8年）について，決算にあたり

138

定額法による減価償却を行ったが,「減価償却資産の耐用年数等に関する省令」に記載された耐用年数は10年である。なお,法人税等の実効税率は30%とする。

(1) X1年度末の当該車両に関する減価償却を行った。

(2) X2年度の期首に当該車両を60万円で売却した。なお,代金は現金で受け取ったものとする。

解答

(1)	(借)	減 価 償 却 費	80,000	(貸)	車両減価償却累計額	80,000
		繰 延 税 金 資 産	4,800		法人税等調整額	4,800
(2)	(借)	車両減価償却累計額	80,000	(貸)	車 両 運 搬 具	640,000
		現　　　　金	600,000		固定資産売却益	40,000
		法人税等調整額	4,800		繰 延 税 金 資 産	4,800

　X1年度の決算における車両の減価償却費は,企業会計上は80,000円(640,000円÷8年)であり,課税所得計算上は64,000円(640,000円×0.100)である。したがって,減価償却後の車両の実質的な帳簿価額は,企業会計上は560,000円,課税所得計算上は576,000円であり,差額(一時差異)は16,000円である。減価償却費の差額(80,000円−64,000円)も同額となるが,一時差異の金額は,資産または負債の帳簿価額に基づいて算定するよう習慣づけておく方がよい。この車両は期首に購入したため,期首における一時差異はゼロであるから,期首から期末にかけて一時差異は16,000円増加したことになる。この一時差異の増加額に実効税率(30%)を乗じた額が繰延税金資産の増加と法人税等からの控除(法人税等調整額)になる。

　X2年度の期首に車両を売却しているので,車両の帳簿価額は企業会計上も課税所得計算上もゼロとなる。一時差異もゼロとなり,前期末から一時差異は16,000円の減少となる。この16,000円の減少に実効税率(30%)を乗じた額が繰延税金資産の減少と法人税等への加算(法人税等調整額)になる。

　なお,本書の学習範囲を超えるが,繰延税金資産の回収可能性については検

討が必要である（「繰延税金資産の回収可能性に関する適用指針」（企業会計基準適用指針第26号））。保守点検用の車両を1年で売却したのは，実は資金繰りが厳しいからなのかもしれない。実務上は明らかに回収可能性がないとして繰延税金資産の計上が認められない場合も少なくない。

第19章

財務諸表

[1] 試算表

　決算に至るまでの基本的な過程は，すでに第2章及び第15章で述べた。そこでみたように，決算の最初の手続は，試算表を作成することであり，ここまでの学習をもとにした試算表の例を示すと，次頁のようになる。

　この試算表は，第2章および第15章で説明した**合計残高試算表**である。次頁のものは，本書で学んだすべての勘定科目を盛り込んではいないが，実際に他の勘定科目がある場合には，それらもこの試算表に加えられる。なお，ここで示した試算表の例は，比較的小規模の株式会社を念頭に置いたものである。以下，この試算表をもとに，決算の計算の経過を学ぶ。なお，用いられている勘定科目のうち，資本準備金と利益準備金については，純資産の勘定であるが，これらの説明は第20章で行う。

合 計 残 高 試 算 表

X1 年 3 月 31 日

借 方		勘 定 科 目	貸 方	
残 高	合 計		合 計	残 高
2,412,200	5,352,900	現　　　　金	2,940,700	
1,000	1,000	現 金 過 不 足		
2,060,700	3,383,200	当 座 預 金	1,322,500	
98,000	174,000	受 取 手 形	76,000	
220,000	2,762,600	売 　 掛 　 金	2,542,600	
569,100	1,545,200	クレジット売掛金	976,100	
48,000	48,000	前 　 払 　 金		
1,000,000	1,000,000	貸 　 付 　 金		
86,500	86,500	受 取 商 品 券		
2,037,000	2,037,000	繰 越 商 品		
10,000,000	10,000,000	建 　 　 物		
360,000	360,000	備 　 　 品		
5,430,000	5,430,000	土 　 　 地		
	230,000	支 払 手 形	295,000	65,000
	1,018,000	買 　 掛 　 金	1,150,600	132,600
		貸 倒 引 当 金	5,000	5,000
		建物減価償却累計額	4,050,000	4,050,000
		備品減価償却累計額	129,600	129,600
	600,000	借 　 入 　 金	1,400,000	800,000
		資 　 本 　 金	12,000,000	12,000,000
		資 本 準 備 金	3,000,000	3,000,000
		利 益 準 備 金	3,000,000	3,000,000
		売 　 　 上	3,600,000	3,600,000
		受 取 地 代	169,000	169,000
		受 取 利 息	10,000	10,000
1,320,000	1,320,000	仕 　 　 入		
272,900	272,900	販 　 売 　 費		
711,800	711,800	一 般 管 理 費		
2,000	2,000	貸 倒 損 失		
180,000	180,000	支 払 保 険 料		
12,000	12,000	支 払 利 息		
140,000	140,000	支 払 家 賃		
26,961,200	36,667,100		36,667,100	26,961,200

[2] 棚卸表

　第15章でも言及したように，決算の次の手続は棚卸表の作成である。第2章においては，決算の基礎を学んだが，そこでは決算整理仕訳はないものとして説明した。しかし，第15〜18章で学んだように，実際には決算にあたって，多くの修正，すなわち決算整理事項がある。そのような修正をリストアップした表が，**棚卸表**である。なお，商品（棚卸資産）の実地棚卸（第15章）を行う際に，商品の帳簿有高のリストが作成され，この表も一般的には棚卸表と呼ばれるが，本章での棚卸表は，これとは異なる決算整理のために総括的に作成されるものである。

　ここで，棚卸表の例を示せば，次頁のようになる。

　この例の他に決算整理事項がある場合には，適宜この表に加えられていくことになる。また，棚卸表には定まった様式はないので，決算整理事項の金額や事由，関係する勘定科目がわかるように作成すればよい。

棚　卸　表

X1 年 3 月 31 日

勘 定 科 目	摘　　　　　　要	内　訳	金　額
現 金 過 不 足	期末日に原因不明の過不足額		1,000
繰 越 商 品	商品の期末棚卸高合計額		2,194,000
貸 倒 引 当 金	売掛金残高の 2%	4,400	
	受取手形残高の 3%	2,940	
	貸倒引当金の期末残高	5,000	2,340
減 価 償 却 費	備品　定額法による。		
	取得価額，36 万円，残存価額 36,000 円，耐用年数 5 年	64,800	64,800
	建物　定額法による。		
	取得価額 1,000 万円，残存価額 100 万円，耐用年数 40 年	225,000	225,000
前 払 保 険 料	支払額 18 万円，月額 5,000 円		
	保険料の未経過分 33ヵ月		
	うち次期分 12ヵ月	60,000	60,000
長期前払費用	それを越えるもの 21ヵ月	105,000	105,000
未 収 利 息	2ヵ月分未収　利率 1.2%	2,000	2,000
前 受 地 代	1ヵ月分前払受取	13,000	13,000
未 払 家 賃	2ヵ月分未払	28,000	28,000
貯 蔵 品	未使用の消耗品 80,000 円分（一般管理費で処理済）	80,000	80,000

$\boxed{3}$ 精算表

　決算の次の手順は，**精算表**の作成である。すでに第2章でその基本を示したように，精算表は残高試算表，決算整理仕訳，貸借対照表と損益計算書を一体的に示し，損益計算をして貸借対照表と損益計算書を作成することを目的としたものである。

　ここで，精算表の例を示すと，次頁のようになる。

　精算表の左側には，残高試算表が書かれる。これは，先に作成された合計残高試算表から，残高試算表部分を抜き出したものとなっている。そしてその右の修正記入欄には，棚卸表に基づいて決算整理事項の修正記入のための仕訳を記入する。これは仕訳であるから，修正記入欄の借方と貸方に，必ず同額が記入されることになる。たとえば，現金過不足の不明額1,000円は，期末にあたって雑損勘定に振り替えられるため（第4章），残高試算表にはなかった雑損勘定を新たに設け，ここに振り替える仕訳を行うことになる。したがって，修正記入欄の借方及び貸方の合計額は，当然に一致する。

　次に，残高試算表の金額に修正記入を反映させて，貸借対照表と損益計算書を作成する。損益計算書は費用と収益，貸借対照表は資産，負債及び純資産をまとめて作成されることは，すでに第2章でも述べた。そこで，各勘定科目の金額を，精算表の横（右方向）に加減して計算し，損益計算書または貸借対照表に書き写していくことになる。

　一例として仕入勘定をみてみると，残高試算表の仕入勘定は1,320,000円の借方残である。これを右に見ていくと，修正記入の借方に2,037,000円，貸方に2,194,000円とあるから，

$$1,320,000円 + 2,037,000円 - 2,194,000円 = 1,163,000円$$

と計算される。この「答え」にあたる1,163,000円は，仕入勘定は費用の勘定であるから，損益計算書の当該勘定の借方に記載されることになる。

精 算 表

X1 年 3 月 31 日

勘定科目	残高試算表 借方	残高試算表 貸方	修正記入 借方	修正記入 貸方	損益計算書 借方	損益計算書 貸方	貸借対照表 借方	貸借対照表 貸方
現　　　　　金	2,412,200						2,412,200	
現 金 過 不 足	1,000			1,000			0	
当 座 預 金	2,060,700						2,060,700	
受 取 手 形	98,000						98,000	
売 　掛 　金	220,000						220,000	
クレジット売掛金	569,100						569,100	
前 　払 　金	48,000						48,000	
貸 　付 　金	1,000,000						1,000,000	
受 取 商 品 券	86,500						86,500	
繰 越 商 品	2,037,000		2,194,000	2,037,000			2,194,000	
建　　　　　物	10,000,000						10,000,000	
備　　　　　品	360,000						360,000	
土　　　　　地	5,430,000						5,430,000	
支 払 手 形		65,000						65,000
買 　掛 　金		132,600						132,600
貸 倒 引 当 金		5,000		2,340				7,340
建物減価償却累計額		4,050,000		225,000				4,275,000
備品減価償却累計額		129,600		64,800				194,400
借 　入 　金		800,000						800,000
資 　本 　金		12,000,000						12,000,000
資 本 準 備 金		3,000,000						3,000,000
利 益 準 備 金		3,000,000						3,000,000
売　　　　　上		3,600,000				3,600,000		
受 取 地 代		169,000	13,000			156,000		
受 取 利 息		10,000		2,000		12,000		
仕 　　　　入	1,320,000		2,037,000	2,194,000	1,163,000			
販 　売 　費	272,900				272,900			
一 般 管 理 費	711,800			80,000	631,800			
貸 倒 損 失	2,000				2,000			
支 払 保 険 料	180,000			165,000	15,000			
支 払 利 息	12,000				12,000			
支 払 家 賃	140,000		28,000		168,000			
	26,961,200	26,961,200						
雑　　　　　損			1,000		1,000			
貸倒引当金繰入			2,340		2,340			
備品減価償却費			64,800		64,800			
建物減価償却費			225,000		225,000			
未 払 家 賃				28,000				28,000
未 収 利 息			2,000				2,000	
前 払 保 険 料			60,000				60,000	
長 期 前 払 費 用			105,000				105,000	
前 受 地 代				13,000				13,000
貯 　蔵 　品			80,000				80,000	
当 期 純 利 益					1,210,160			1,210,160
合　　　　　計			4,812,140	4,812,140	3,768,000	3,768,000	24,725,500	24,725,500

なお，上記の計算式は，売上原価を計算した式である（第15章）。つまり，1,163,000円は売上原価であり，精算表では売上原価を仕入勘定の行で計算する。

　このように，各勘定科目の計算結果を損益計算書または貸借対照表に移した後，損益計算書と貸借対照表それぞれの借方，貸方の合計額を計算する。たとえば，損益計算書の借方（費用）合計額は2,557,840円であり，貸方（収益）合計額は3,768,000円である。その差額は1,210,160円となるが，収益よりも費用が多かったのであるから，この差額は利益（当期純利益）であることになる。そこでこの額を損益計算書の借方に記入し，借方と貸方の合計額を一致させる。同様に計算すると，貸借対照表でもその差額は同額となり，この利益額を貸借対照表の貸方に記入して借方と貸方の合計額を一致させる。

　なお，仮に損失が発生する場合には，その額は損益計算書では貸方，貸借対照表では借方に記入されることになる。この場合，勘定科目には当期純損失と記載される。

4 貸借対照表と損益計算書

　精算表において，貸借対照表と損益計算書は作成できたが，実際にはこの後に，企業の外部者への報告のために，様式を整えたものが改めて作成される。

　貸借対照表については，Ｔ字型勘定を残した**勘定式貸借対照表**が用いられることが多い。その例を前節までの精算表から作成すると，次頁のようになる。

　ここでは，財務諸表の利用者にわかりやすいように，資産は流動資産と固定資産に，負債は流動負債と固定負債に分けて表記されている。なお，先に計算された利益については，その金額の記載がない。これは，精算表で当期純利益（または損失）を計算した後に，その利益をどう使うか（処分するか）を決め，その結果が反映されているからである。利益処分（または損失処理）については，第20章で説明するが，ここでは当期純利益1,210,160円を，法人税等に431,500円（未払法人税等勘定に計上，第13章参照）納税の予定をした上で，

貸 借 対 照 表

X1 年 3 月 31 日 　　　　　　　　　　　　　　　　　　（単位：円）

資 産 の 部			負 債 の 部		
Ⅰ　流動資産			Ⅰ　流動負債		
1　現金及び預金		4,472,900	1　支払手形		65,000
2　受取手形	98,000		2　買掛金		132,600
貸倒引当金	2,940	95,060	3　借入金		800,000
3　売掛金	789,100		4　未払費用		28,000
貸倒引当金	4,400	784,700	5　前受収益		13,000
4　商品		2,194,000	6　未払法人税等		431,500
5　貸付金		1,000,000	流動負債合計		1,470,100
6　前払金		48,000	Ⅱ　固定負債		
7　受取商品券		86,500	固定負債合計		0
8　貯蔵品		80,000	負債合計		1,470,100
9　前払費用		60,000	純 資 産 の 部		
10　未収収益		2,000	Ⅰ　株主資本		
流動資産合計		8,823,160	1　資本金		12,000,000
Ⅱ　固定資産			2　資本剰余金		
1　建物	10,000,000		資本準備金		3,000,000
減価償却累計額	4,275,000	5,725,000	3　利益剰余金		
2　備品	360,000		利益準備金	3,000,000	
減価償却累計額	194,400	165,600	別途積立金	700,000	
3　土地	5,430,000	5,430,000	繰越利益剰余金	78,660	3,778,660
4　長期前払費用	105,000	105,000	株主資本合計		18,778,660
固定資産合計		11,425,600	純資産合計		18,778,660
資産合計		20,248,760	負債及び純資産合計		20,248,760

別途積立金に 700,000 円と繰越利益剰余金に 78,660 円（いずれも第 20 章で後述）とする処分を行ったものとして貸借対照表が作成されている。

　一方，損益計算書については，Ｔ字型勘定を崩した**報告式損益計算書**が用いられることが多い。その例を，貸借対照表と同様に前節でみた精算表から作成すると次頁のようになる。

　ここでは，損益の性質に合わせて，いくつかのセクションに分けて計算経過が示される。まず，売上高（売上勘定）から売上原価（仕入勘定で計算）を差し引いた，**売上総利益**が計算される。売上総利益は，商品の売買で直接に得られた利益であり，**粗利益**とも呼ばれる。ここから，この会社の本業である商品売買にあたってかかった諸々の費用（販売費及び一般管理費）を差し引き，**営業利益**を計算する。営業利益は，「本業」で得た利益といえる。なお，この例では，精算表において販売費と一般管理費として計上していた金額を，給料，旅費交通費及び消耗品費に分けて記載している。

　この利益に，本業以外の取引で発生した**営業外収益**（受取利息，仕入割引，受取地代など）や**営業外費用**（支払利息，売上割引など）を加減して算出されるのが**経常利益**である。一般には，経営者の経営能力を判断する利益指標としては，この経常利益が用いられる。さらにここに臨時に発生した非日常的な収益・費用である**特別利益**（固定資産売却益など）と**特別損失**（固定資産売却損，災害損失など）を加減したものが**税引前当期純利益**（税金等調整前当期純利益）であり，この額が前節の精算表の当期純利益に一致する。なお，ここでの例では，特別利益及び特別損失はなかったものとして作成されている。

　最後に，利益処分となる法人税等を支払った額が，**税引後当期純利益**となる。ここでの法人税等の金額は，実際にはまだ納税していないため，貸借対照表上で負債として計上されている額と同額となる。

損 益 計 算 書

X0 年 4 月 1 日から X1 年 3 月 31 日まで　　　(単位：円)

Ⅰ	売上高		3,600,000
Ⅱ	売上原価		
	1. 期首商品棚卸高	2,037,000	
	2. 当期商品仕入高	1,320,000	
	合　　　計	3,357,000	
	3. 期末商品棚卸高	2,194,000	
	差　　　引	1,163,000	1,163,000
	売上総利益		2,437,000
Ⅲ	販売費及び一般管理費		
	1. 給料	850,000	
	2. 旅費交通費	34,700	
	3. 消耗品費	20,000	
	4. 保険料	15,000	
	5. 減価償却費	289,800	
	6. 支払家賃	168,000	
	7. 貸倒引当金繰入	2,340	
	8. 貸倒損失	2,000	
	9. 雑損	1,000	1,382,840
	営業利益		1,054,160
Ⅳ	営業外収益		
	1. 受取地代	156,000	
	2. 受取利息	12,000	168,000
Ⅴ	営業外費用		
	1. 支払利息	12,000	12,000
	経常利益		1,210,160
Ⅵ	特別利益		
		0	0
Ⅶ	特別損失		
		0	0
	税 引 前 当 期 純 利 益		1,210,160
	法人税・住民税及び事業税		431,500
	税 引 後 当 期 純 利 益		778,660

第20章

株式会社会計

1 株式会社の会計処理

　第3章で説明した株式会社には，資本金と利益の区別といった純資産における会計処理や，社債，繰延資産の会計処理のような，株式会社特有の会計処理がある。ここでは，純資産に関する会計処理をまとめて説明する。

2 純資産（株主資本）

　株式会社における純資産の部は，大きく株主資本と株主資本以外の項目に分けられるが，ここでは株主資本の各項目を見ることとする。株主資本の各項目の内容を簡潔に示すと次のようになる。

純資産の部

Ⅰ　株主資本
1　資本金…株主による払込資金
2　資本剰余金
　(1)　資本準備金…株主による払込資金のうち，債権者保護のため会社法によって積み立てることが強制されたもの
　(2)　その他資本剰余金…資本準備金以外の資本剰余金
3　利益剰余金
　(1)　利益準備金…留保利益のうち，債権者保護のため会社法によって積み立てることが強制されたもの

---

(2) その他利益剰余金

　　　　任意積立金…留保利益のうち，特定の目的のため，あるいは目
　　　　　　　　　　的を定めることなく，会社の任意によって積み立
　　　　　　　　　　てられるもの

　　　　繰越利益剰余金…留保利益のうち次期に繰越すもの
　　4　自己株式…発行済の株式のうち，会社が買い戻したもの

[3] 株式の発行

1 │ 設立時

　株式会社は株式を発行することで事業に必要な資金を調達するが，株式会社の設立にあたり，株式を発行して調達した資金は，会社法の規定により，原則その払込金額の全額を**資本金**勘定（純資産）の貸方に記入する。ただし，払込金額の2分の1まで（最低限度額）は，資本金とせず，**資本準備金**勘定（純資産）で処理することもできる。また，株式会社設立時に株式を発行するためにかかった諸費用は，**創立費**勘定（費用）の借方に記入する。なお，会社設立後から営業を開始するまでに支出した開業準備費用は，**開業費**勘定（費用）の借方に記入する。

─•　**設例1**　以下の仕訳をしなさい。•────────────
　(1) 会社設立にあたり株式200株を1株あたり50,000円で発行し，払込
　　　金額は当座預金とした。
　(2) 会社設立にあたり株式200株を1株あたり50,000円で発行し，払込
　　　金額は当座預金とした。なお，払込金額のうち資本金とする額は，会社
　　　法で認められる最低限度額とした。
　(3) 会社設立にあたり株式発行のための費用10万円を現金で支払った。
────────────────────────────────

解答

(1)	(借) 当 座 預 金	10,000,000	(貸) 資 本 金	10,000,000
(2)	(借) 当 座 預 金	10,000,000	(貸) 資 本 金	5,000,000
			資本準備金	5,000,000
(3)	(借) 創 立 費	100,000	(貸) 現 金	100,000

2 ｜ 増資時

　会社設立後に，新たに株式を発行して資金を調達することを**増資**という。増資の処理は，①株主の募集，②払込期日の到来と株主の確定，という2つの段階に分けて行う。

　①の段階で株主になることを希望する者（株式の購入希望者）は，指定された金額を会社に払い込むことになる。この際の払込金額は，**株式申込証拠金**勘定（純資産）の貸方に記入する。また，借方の勘定科目は，当座預金など他の預金と区別するため，**別段預金**勘定（資産）で処理する。

　②の段階では，払込期日が到来することで，株式の購入希望者が株主となることが確定するため，別段預金を当座預金等に振り替えるとともに，株式申込証拠金を資本金に振り替える処理を行う。資本金とする額は，設立時と同様，会社法の規定により，原則その払込金額の全額であるが，払込金額の2分の1まで（最低限度額）は，資本金とせず，資本準備金とすることができる。また，株式会社設立後に株式を発行するためにかかった諸費用は，**株式交付費**勘定（費用）の借方に記入する。

──── **設例2** 以下の仕訳をしなさい。────

(1) 増資のため，株式100株を1株あたり50,000円で発行することになり，そのすべての申込みを受けた。株式申込証拠金は，別段預金とした。

(2) (1)の増資が払込期日を迎えたため，払込金額の全額を当座預金とした。なお，払込金額のうち資本金とする額は，会社法で認められる最低

限度額とした。

(3) 増資にあたり，株式発行のための費用 50,000 円を現金で支払った。

解答

(1) （借）別 段 預 金 5,000,000 （貸）株式申込証拠金 5,000,000
(2) （借）株式申込証拠金 5,000,000 （貸）資 本 金 2,500,000
　　　　　　　　　　　　　　　　　　　資 本 準 備 金 2,500,000
　　（借）当 座 預 金 5,000,000 （貸）別 段 預 金 5,000,000
(3) （借）株 式 交 付 費 50,000 （貸）現 金 50,000

4 剰余金

1 利益剰余金の処分・配当

　株式会社は，株主の出資をもとに事業を行っている。そのため，事業の成功によって獲得した利益（**利益剰余金**）の使途は，株主が集まる株主総会によって決議されることとなる。この利益をどのように使うのかを決めることを，利益剰余金の処分という。利益剰余金の処分には，利益を株主に分配する配当や，何らかの目的のための積立，利益をそのまま繰越すなどがある。

　利益剰余金の処分の処理は，①決算における利益の確定，②株主総会による利益剰余金の処分の決定，③株主への配当金の支払，という３つの段階に分けて行う。

　①の段階では，損益勘定で計算された当期純利益を**繰越利益剰余金**勘定（純資産）に振り替える処理を行う。

　②の段階では，利益剰余金の配当が決議された場合，その配当額を**未払配当金**勘定（負債）の貸方に記入するとともに，繰越利益剰余金を減らす処理をする。なお，利益剰余金を配当する際は，債権者保護のため，資本準備金と利益準備金の合計額が，資本金の４分の１に達するまで，配当額の 10 分の１を利益

準備金（純資産）として積み立てることが会社法で規定されている。したがって，次の計算によって算出される額のうち，いずれか小さい方の額を**利益準備金**勘定（純資産）の貸方に記入する。

- 配当額 $\times \dfrac{1}{10}$
- 資本金 $\times \dfrac{1}{4}$ －（資本準備金＋利益準備金）

また，積立には，こうした会社法によって強制されるもの以外にも，会社の任意によって行われる**任意積立金**（純資産）がある。任意積立金は，特定の目的がある場合，新築積立金等，その目的を付した勘定科目で処理し，特定の目的がない場合は，**別途積立金**勘定（純資産）で処理する。なお，別途積立金は，繰越利益剰余金がマイナス（借方残高）になった場合，それを補塡するために取り崩すこともできる（**欠損塡補**）。その際は，取り崩す額を別途積立金として借方に記入し，同額を繰越利益剰余金として貸方に記入することになる。

③の段階で実際に株主に配当金を支払った際は，②の段階で計上した未払配当金の額を減らす処理を行う。

設例3 以下の仕訳をしなさい。

(1) 山形株式会社は，決算において当期純利益 2,000 万円を計上した。

(2) その後，山形株式会社では株主総会において，繰越利益剰余金から 800 万円の株主配当と，200 万円の別途積立金への積立が行われることが決議された。なお，株主総会直前における山形株式会社の資本金残高は 1,000 万円，資本準備金残高は 100 万円，利益準備金残高は 50 万円であった。

(3) 秋田株式会社は，株主総会において繰越利益剰余金の借方残高 200 万円を補塡するため，別途積立金 150 万円を取り崩すことを決議した。

(4) 山形株式会社は（2）で決議された株主配当金 800 万円を小切手を振

り出して支払った。

解答

(1)（借）損　　　益　20,000,000　（貸）繰越利益剰余金　20,000,000

(2)（借）繰越利益剰余金　10,800,000　（貸）未 払 配 当 金　8,000,000

　　　　　　　　　　　　　　　　　　　利 益 準 備 金　　800,000

　　　　　　　　　　　　　　　　　　　別 途 積 立 金　2,000,000

　　※利益準備金積立額

　　　$800万円 \times \dfrac{1}{10} < 1,000万円 \times \dfrac{1}{4} - (100万円 + 50万円)$

(3)（借）別 途 積 立 金　1,500,000　（貸）繰越利益剰余金　1,500,000

(4)（借）未 払 配 当 金　8,000,000　（貸）当 座 預 金　8,000,000

---

2 ｜ 資本剰余金による配当

　会社法では，利益剰余金からの配当以外にも，資本剰余金から配当を行うことも認めている。資本剰余金は，上述したように資本準備金とその他資本剰余金に分けられるが，配当は，**その他資本剰余金**（純資産）から行われる。その他資本剰余金からの配当が株主総会で決議された際は，利益剰余金の配当と同様の基準で，債権者保護のため準備金を積み立てることとされているが，その際の勘定科目は，利益準備金ではなく，**資本準備金**を用いる。

設例4　以下の仕訳をしなさい。

　福島株式会社は，株主総会において，その他資本剰余金から300万円を配当することを決議し，30万円を資本準備金とした。

解答

　（借）その他資本剰余金　3,300,000　（貸）未 払 配 当 金　3,000,000

　　　　　　　　　　　　　　　　　　資 本 準 備 金　　300,000

[5] 🚶‍♂️ 合併

競争力の強化や組織の合理化等を目的に，複数の会社が１つの会社になることを合併という。合併には，ある会社に他の会社が吸収される**吸収合併**と，合併するすべての会社をいったん消滅させ，新たな会社をつくる**新設合併**がある。ここでは，吸収合併に関する処理をみる。

吸収合併では，吸収する側の会社（合併会社）が，吸収される側の会社（被合併会社）のすべての資産・負債を時価で取得したと考え，借方・貸方それぞれに被合併企業の資産・負債を時価で記入する。また，取得の対価は，現金等が支払われる場合と，株式が発行される場合がある。現金等が支払われる場合，貸方にその支払額を記入する。株式が発行される場合は，上述した株式の発行の処理と同様，その全額を資本金とするか，２分の１まで（最低限度額）の範囲で資本準備金として記入する。

なお，合併の際に，被合併会社の純資産額（被合併会社の資産負債の差額）を上回る額が対価として支払われることがある。第10章の [8] 無形固定資産で説明したように，この差額は，被合併会社の超過収益力を評価して支払われたものと考え，**のれん**勘定の借方に記入する。また，対価が被合併会社の純資産額を下回った場合は，**負ののれん発生益**勘定（収益）の貸方に記入する。

設例5 以下の仕訳をしなさい。

(1) 秋田株式会社は，山形株式会社を吸収合併し，その対価として現金200万円を支払った。山形株式会社から受け入れた諸資産の時価は1,000万円，諸負債の時価は800万円であった。

(2) 福島株式会社は，宮城株式会社を吸収合併した。合併に際し，福島株式会社は，新たに株式1,000株（１株あたりの時価3,000円）を発行し，その全額を資本金とした。宮城株式会社から受け入れた諸資産の時価は800万円，諸負債の時価は500万円であった。

(3) 岩手株式会社は，青森株式会社を吸収合併した。合併に際し，岩手株

式会社は，新たに株式1,000株（1株あたりの時価3,000円）を発行し，その全額を資本金とした。青森株式会社から受け入れた諸資産の時価は600万円，諸負債の時価は400万円であった。

(4) 栃木株式会社は，茨城株式会社を吸収合併した。合併に際し，栃木株式会社は，新たに株式1,000株（1株あたりの時価2,000円）を発行し，その全額を資本金とした。茨城株式会社から受け入れた諸資産の時価は700万円，諸負債の時価は400万円であった。

解答

(1)	(借)	諸 資 産	10,000,000	(貸)	諸 負 債	8,000,000
					現 金	2,000,000
(2)	(借)	諸 資 産	8,000,000	(貸)	諸 負 債	5,000,000
					資 本 金	3,000,000
(3)	(借)	諸 資 産	6,000,000	(貸)	諸 負 債	4,000,000
		の れ ん	1,000,000		資 本 金	3,000,000
(4)	(借)	諸 資 産	7,000,000	(貸)	諸 負 債	4,000,000
					資 本 金	2,000,000
					負ののれん発生益	1,000,000

⎡6⎤ 🚶 株主資本等変動計算書

　貸借対照表の純資産の部の一会計期間における変動額のうち，主に株主資本の各項目の変動事由を報告するための書類を，**株主資本等変動計算書**という。株主資本等変動計算書の記載は，純資産の各項目の期首残高に期中変動額を加減算し，期末残高を記入する形で行い，その様式は次のようになる。

	株主資本								
		資本剰余金			利益剰余金				株主資本合計
						その他利益剰余金		利益剰余金合計	
	資本金	資本準備金	その他資本剰余金	資本剰余金合計	利益準備金	別途積立金	繰越利益剰余金		
当期首残高	XXX	XXX	XXX	XXX	XXX	XXX	XXX	XXX	XXX
当期変動額									
新株の発行	XXX	XXX		XXX					XXX
剰余金の配当		XXX	△ XXX	△ XXX	XXX		△ XXX	△ XXX	△ XXX
別途積立金の積立						XXX	△ XXX	XXX	XXX
吸収合併	XXX	XXX		XXX					XXX
当期純利益							XXX	XXX	XXX
当期変動額合計	XXX	XXX	△ XXX	XXX	XXX		XXX	XXX	XXX
当期末残高	XXX	XXX	XXX	XXX	XXX	XXX	XXX	XXX	XXX

• **設例6**　以下の資料に基づき，茨城株式会社の株主資本等変動計算書を •
完成させなさい。

〈資料〉

(1) 茨城株式会社の当期首の純資産の部の項目の金額は，資本金600万円，資本準備金50万円，その他資本剰余金10万円，利益準備金50万円，別途積立金10万円，繰越利益剰余金400万円である。

(2) 当期中の株主総会において，茨城株式会社は，繰越利益剰余金から100万円の株主配当と，20万円の別途積立金への積立が行われることが決議された。

(3) 茨城株式会社は，増資のため株式200株を1株あたり2万円で発行し，その全額を当座預金とした。なお，払込金額のうち資本金とする額は，会社法で認められる最低限度額とした。

(4) 茨城株式会社は，栃木株式会社を吸収合併した。合併に際し，茨城株式会社は，新たに株式1,000株（1株あたりの時価3,000円）を発行し，その全額を資本金とした。宮城株式会社から受け入れた諸資産の時価は800万円，諸負債の時価は500万円であった。

(5) 決算の結果，今期の茨城株式会社の当期純利益は50万円であることがわかった。

解答

	株主資本								
	資本金	資本剰余金			利益剰余金				株主資本合計
		資本準備金	その他資本剰余金	資本剰余金合計	利益準備金	その他利益剰余金		利益剰余金合計	
						別途積立金	繰越利益剰余金		
当期首残高	6,000,000	500,000	100,000	600,000	500,000	100,000	4,000,000	4,600,000	11,200,000
当期変動額									
新株の発行	2,000,000	2,000,000		2,000,000					4,000,000
剰余金の配当					100,000		△1,100,000	△1,000,000	△1,000,000
別途積立金の積立						200,000	△200,000	0	0
吸収合併	3,000,000								3,000,000
当期純利益							500,000	500,000	500,000
当期変動額合計	5,000,000	2,000,000	0	2,000,000	100,000	200,000	△800,000	△500,000	6,500,000
当期末残高	11,000,000	2,500,000	100,000	2,600,000	600,000	300,000	3,200,000	4,100,000	17,700,000

なお，各資料における取引の仕訳を示すと次のとおりとなる。

(2)（借）繰越利益剰余金　1,300,000　（貸）未 払 配 当 金　1,000,000
　　　　　　　　　　　　　　　　　　 利 益 準 備 金　　100,000
　　　　　　　　　　　　　　　　　　 別 途 積 立 金　　200,000

※利益準備金積立額

$$100万円 \times \frac{1}{10} < 600万円 \times \frac{1}{4} - (50万円 + 50万円)$$

(3)	(借) 当 座 預 金	4,000,000	(貸) 資 本 金	2,000,000
			資 本 準 備 金	2,000,000
(4)	(借) 諸 資 産	8,000,000	(貸) 諸 負 債	5,000,000
			資 本 金	3,000,000
(5)	(借) 損 益	500,000	(貸) 繰越利益剰余金	500,000

第21章

本支店会計

[1] 👣 本支店会計

　企業の活動が拡大し，それに伴い販売地域が広がると，やがては全国に支店を開設するようになる。その結果として，必然的に本支店間及び支店相互間での取引が生じることになる。その際に会計帳簿が本店に置かれていると，各支店間の会計処理を本店が行う必要があり，本店の負担が大幅に増えるとともに非効率的である。また，本店独自の業績や各支店別の業績を把握し，本店と支店を合わせた企業全体の経営成績や財政状態を明らかにすることも必要になる。そこで，これらの問題を解決するための会計制度が**本支店会計**であり，本支店間及び支店相互間の取引を整理し，本店と支店を合わせた合併財務諸表を作成する一連の会計処理全般のことをいう。

　支店の会計処理には，**本店集中計算制度**と**支店分散計算制度**の2つの方法がある。本店集中計算制度とは，支店間での取引については，実際には本店が直接関係するわけではなくても，本店を経由した取引と見なして，すべて本店で処理する方法であり，支店は必要最低限の補助簿を有するのみである。これに対して，支店分散計算制度とは，本店だけでなく支店にも帳簿を置き，支店が行った取引については，本店から独立して記録する方法である。支店分散計算制度の方が，支店独自の業績を明らかにすることができ，経営管理上望ましいため，まず支店分散計算制度を学ぶ。

1 支店勘定と本店勘定

　本支店会計では，本店と同じく支店においても資産，負債，収益，費用の勘定が設けられるが，本店の純資産の部に相当する資本勘定は設けられない。その上で，本店と支店の間で生じる取引は企業内部での貸借関係，すなわち債権・債務の関係と見なされ，それらを記録するために，本店においては**支店**勘定を設け，支店においては**本店**勘定を設ける。なお，支店が複数存在する場合には，本店においてＡ支店勘定，Ｂ支店勘定のように支店の名称を付した複数の勘定を設けることになる。これら支店勘定及び本店勘定は，本店と支店の帳簿を結びつけて照合する役割を果たしており，照合勘定と呼ばれる。

　この照合勘定の残高はその性質上，貸借逆で必ず一致する。支店勘定は本店から支店に対する債権であり，通常は借方残高となるが，その本質は支店に対する投資額を意味している。一方，本店勘定は支店にとって本店に対する債務であり，通常は貸方残高となるが，その本質は上述のように支店には資本勘定が設けられないこともあり，支店の資本に相当することになる。

2 本支店間のいろいろな取引

　本支店間の取引は，本店の財産を新たに開設した支店に移管することから始まり，送金や商品等の移送，債権・債務の決済取引，他店の費用の立替払などいろいろな取引が本店と支店で仕訳される。以下，それぞれの仕訳を考えていくが，仕訳をする際のポイントとして，他社との外部取引と同様に考え，相手勘定科目には本店なら支店勘定，支店なら本店勘定を仕訳すればよい。

　設例 1　以下の仕訳をしなさい。

　(1) 本店は新たに支店を開設し，期首に以下の財産を移管した。

現金 50 万円　売掛金 30 万円　商品 20 万円　借入金 10 万円

(2) 本店は仕入価格 15 万円の商品を支店へ発送した。

(3) 本店は支店に対し現金 20,000 円を送付し，支店はこれを受け取った。

(4) 支店は本店の買掛金 30,000 円につき小切手を振り出して支払い，本店はこの連絡を受けた。

(5) 本店は支店の営業費 10 万円を現金で支払い，支店はこの連絡を受けた。

解答

(1)	本　店	(借)	借　入　金	100,000	(貸)	現　　金	500,000
			支　店	900,000		売　掛　金	300,000
						繰　越　商　品	200,000
	支　店	(借)	現　金	500,000	(貸)	借　入　金	100,000
			売　掛　金	300,000		本　店	900,000
			繰　越　商　品	200,000			
(2)	本　店	(借)	支　店	150,000	(貸)	仕　入	150,000
	支　店	(借)	仕　入	150,000	(貸)	本　店	150,000
(3)	本　店	(借)	支　店	20,000	(貸)	現　金	20,000
	支　店	(借)	現　金	20,000	(貸)	本　店	20,000
(4)	本　店	(借)	買　掛　金	30,000	(貸)	支　店	30,000
	支　店	(借)	本　店	30,000	(貸)	当　座　預　金	30,000
(5)	本　店	(借)	支　店	100,000	(貸)	現　金	100,000
	支　店	(借)	営　業　費	100,000	(貸)	本　店	100,000

[3] 🏃 支店相互間取引

1 | 本店集中計算制度

本店集中計算制度とは，支店間の取引については本店を経由して取引したと見なして処理する方法であり，各支店では本店勘定のみが設けられ，本店では各支店勘定が設けられる。この方法は，支店分散計算制度に比べて手間がかかるが，支店相互間取引についても本店が管理できるという点で，本店の経営管理において望ましい方法といえる。

設例3 本店集中計算制度によって本店及び各支店の以下の仕訳をしなさい。

なお，商品売買の記帳法は三分法を採用している。

(1) 高知支店は，愛媛支店に対して現金 10,000 円を送付し，愛媛支店はこれを入金した。

(2) 高知支店は愛媛支店から 10 万円の商品を受け取った。

......

解答

(1) 本　　店　（借）愛 媛 支 店　　10,000　（貸）高 知 支 店　　10,000

　　高知支店　（借）本　　　店　　10,000　（貸）現　　　金　　10,000

　　愛媛支店　（借）現　　　金　　10,000　（貸）本　　　店　　10,000

(2) 本　　店　（借）高 知 支 店　100,000　（貸）愛 媛 支 店　100,000

　　高知支店　（借）仕　　　入　100,000　（貸）本　　　店　100,000

　　愛媛支店　（借）本　　　店　100,000　（貸）仕　　　入　100,000

2 │ 支店分散計算制度

支店分散計算制度とは，支店が複数ある場合に各支店が他の支店勘定を設け，本店を経由せずに直接他の支店と取引したように処理を行う方法である。したがって，この方法は本支店間取引と同様の処理を行うことになるため，支店間の取引の把握が明確となり支店独自の業績管理に寄与する一方，本店が各支店間の取引を把握できないため，本店の経営管理の面からは不十分な方法といえる。

設例2 支店分散計算制度によって本店及び各支店の以下の仕訳をしなさい。

なお，商品売買の記帳法は三分法を採用している。

(1) 高知支店は，愛媛支店に対して現金 10,000 円を送付し，愛媛支店はこれを入金した。

(2) 高知支店は愛媛支店から 10 万円の商品を受け取った。

....

解答

(1) 本　　店　　仕訳なし

　　高知支店　（借）愛 媛 支 店　 10,000　（貸）現　　　　金　 10,000

　　愛媛支店　（借）現　　　　金　 10,000　（貸）高 知 支 店　 10,000

(2) 本　　店　　仕訳なし

　　高知支店　（借）仕　　　　入　100,000　（貸）愛 媛 支 店　100,000

　　愛媛支店　（借）高 知 支 店　100,000　（貸）仕　　　　入　100,000

---

[4] 🚶‍➡️ 本支店の決算手続

　本店と支店がそれぞれ独立して会計帳簿に記録しているとしても，本店と支店は本来1つの会社組織であるため，外部の利害関係者への報告は1つの会社

として行う必要がある。そのため，本店と支店に備え置かれた会計帳簿をもとに，本店が本支店を合併した会社全体の損益計算書（**合併損益計算書**）及び貸借対照表（**合併貸借対照表**）を作成する。

1 │ 未達取引の整理

すでに述べたように，本店と支店の間で生じる取引は企業内部での貸借関係，すなわち債権・債務の関係と見なされ，本店においては「支店」，支店においては「本店」の照合勘定が設けられて処理することになる。このため，「支店」と「本店」の残高は本来一致するはずであるが，実際には決算にあたり調べてみると一致しないことがある。この不一致の原因として考えられることとして，本店が支店に送付した商品等が何らかの理由で到着していない場合や取引の通知が届いていないことにより，支店では記帳されているが，本店においては未記帳となっている場合などが挙げられる。このような取引を**未達取引**という。

未達取引があった場合，通常は未記帳になっている側が，決算整理を行う前の段階で未達整理として修正する。この未達整理後の「支店」及び「本店」の照合勘定は貸借逆で必ず一致することになる。

設例 4 決算にあたり，以下の未達整理事項が判明した。本店及び支店において必要となる仕訳をしなさい。

なお，決算整理前の支店勘定の残高は 12 万円，本店勘定の残高は 11 万円であった。

(1) 支店は本店の出張社員の旅費 20,000 円を立替払したが，本店に未達である。

(2) 本店が支店へ現金 70,000 円を送付していたが，支店は誤って 80,000 円と記帳していた。

(3) 本店が支店へ商品 10 万円（仕入価額）を移送したにもかかわらず，本店・支店ともその会計処理が行われていなかった。

解答

(1) 本　　　店　（借）旅費交通費　　20,000　（貸）支　　　　店　20,000
　　支　　　店　　仕訳なし
(2) 本　　　店　　仕訳なし
　　支　　　店　（借）本　　　　店　　10,000　（貸）現　　　　金　10,000
(3) 本　　　店　（借）支　　　　店　100,000　（貸）仕　　　　入　100,000
　　支　　　店　（借）仕　　　　入　100,000　（貸）本　　　　店　100,000

　　未達整理事項を反映した結果，支店勘定 20 万円，本店勘定 20 万円で，両勘定は一致する。

2 純損益の振替

　支店分散計算制度を採用している場合においては，決算にあたって本店と支店それぞれの経営成績と財政状態を明らかにする必要がある。そこで，本店と支店のそれぞれが必要な決算整理を行い，決算整理後の収益・費用をそれぞれの損益勘定に振り替えることにより，本店及び支店独自の純損益が算定される。ここで，独立した企業であれば当期純損益を算定した後に資本金勘定等に振り替えられることになるが，本支店会計の場合，支店には資本金勘定等が存在しないため，本店勘定に振替が行われることになる。一方の本店では支店勘定を通じてこれを受け入れ，会社全体の純損益を算定することになる。

　支店の純損益の受入仕訳には 2 つの方法がある。第 1 の方法は，本店の**損益**勘定で企業全体の純損益を算定する方法であり，第 2 の方法は本店に**総合損益**勘定を設けて，総合損益勘定で企業全体の純損益を算定する方法である。

設例 5　決算整理後の本店と支店の仕訳をしなさい。

決算整理後における本店の諸収益は 60 万円，諸費用は 54 万円であり，支店の諸収益は 45 万円，諸費用は 40 万円であった。なお，企業全体の純損益の算定には本店の損益勘定を用いることとする。

解答

諸収益, 諸費用の振替

本	店	（借）諸　収　益	600,000	（貸）損	益	600,000
		損　　　　益	540,000	（貸）諸　費　用		540,000
支	店	（借）諸　収　益	450,000	（貸）損	益	450,000
		損　　　　益	400,000	（貸）諸　費　用		400,000

支店純損益の振替

本	店	（借）支　　　店	50,000	（貸）損	益	50,000
支	店	（借）損　　　益	50,000	（貸）本	店	50,000

　支店の純損益 50,000 円を損益勘定から本店勘定に振り替える。本店は支店の純損益 50,000 円を支店勘定に記入するとともに，本店の損益勘定に計上する。

設例6　決算整理後の本店と支店の仕訳をしなさい。

　決算整理後における本店の諸収益は 60 万円，諸費用は 54 万円であり，支店の諸収益は 45 万円，諸費用は 40 万円であった。なお，企業全体の純損益の算定には本店の総合損益勘定を用いることとする。

解答

諸収益, 諸費用の振替

本	店	（借）諸　収　益	600,000	（貸）損	益	600,000
		損　　　　益	540,000	（貸）諸　費　用		540,000
支	店	（借）諸　収　益	450,000	（貸）損	益	450,000
		損　　　　益	400,000	（貸）諸　費　用		400,000

本店純損益の振替

本	店	（借）損	益	60,000	（貸）総 合 損 益	60,000

支店純損益の振替

本	店	（借）支　　　店	50,000	（貸）総 合 損 益	50,000
支	店	（借）損　　　益	50,000	（貸）本　　　店	50,000

[5] 本支店合併財務諸表の作成

　本支店合併財務諸表の作成にあたり，本店と支店は，それぞれの会計帳簿をもとに期中取引及び決算整理を行い，残高試算表を作成する。その後，本店と支店の残高試算表を合算するが，その際に本支店間の取引については会社内部の取引であり，対外的には意味がないため，本店の支店勘定と支店の本店勘定の相殺消去を行う必要がある。この手順を踏んだ後，外部報告用の**本支店合併損益計算書**及び**本支店合併貸借対照表**を作成する。

　なお，本支店合併財務諸表作成上の合併整理は，帳簿外の合併精算表上で行われることになる。内部取引の相殺消去仕訳は，この合併精算表などで行われるものであり，本支店における仕訳帳及び総勘定元帳を直接修正するわけではない点に注意が必要である。

　設例7　次の資料に基づいて，本支店合併損益計算書と本支店合併貸借対照表を作成しなさい。

（資料1）決算整理前残高試算表

決算整理前残高試算表

借　　方	本　店	支　店	貸　　方	本　店	支　店
現 金 預 金	300,000	220,000	買　掛　金	200,000	111,500
売　掛　金	100,000	50,000	貸 倒 引 当 金	1,000	500
繰 越 商 品	52,000	40,000	備品減価償却累計額	40,000	16,000
備　　　品	200,000	80,000	本　　　店	—	200,000
支　　　店	200,000	—	資　本　金	400,000	—
仕　　　入	399,000	332,000	繰越利益剰余金	115,000	—
営　業　費	98,000	56,000	売　　　上	600,000	450,000
支 払 利 息	7,000	—			
	1,356,000	778,000		1,356,000	778,000

（資料 2）決算整理事項

(1) 期末商品棚卸高は次のとおりである。

本店：51,000 円　　支店：42,000 円

(2) 売掛金の期末残高に対し，2％の貸倒引当金を設定する。（差額補充法）

(3) 備品については，定率法（償却率 20％）により減価償却を行う。

(4) 営業費の未払　本店：2,000 円　　支店：700 円

解答

本支店合併損益計算書

費　　　用	金　　額	収　　　益	金　　額
期首商品棚卸高	(　　92,000)	売　　上　　高	(　1,050,000)
当期商品仕入高	(　　731,000)	期末商品棚卸高	(　　93,000)
営　　業　　費	(　　156,700)		
貸倒引当金繰入	(　　　1,500)		
減価償却費	(　　44,800)		
支　払　利　息	(　　　7,000)		
当期純利益	(　　110,000)		
	(　1,143,000)		(　1,143,000)

本支店合併貸借対照表

資　　　産	金　　額	負債・純資産	金　　額
現　金　預　金	(　　520,000)	買　　掛　　金	(　　311,500)
売　　掛　　金	(　　150,000)	未　払　費　用	(　　　2,700)
貸　倒　引　当　金	(△　　3,000)	資　　本　　金	(　　400,000)
商　　　　　品	(　　93,000)	繰越利益剰余金	(　　225,000)
備　　　　　品	(　　280,000)		
備品減価償却累計額	(△　100,800)		
	(　　939,200)		(　　939,200)

①決算整理事項

  (1) 売上原価の算定

本　店	(借) 仕　　　入	52,000	(貸) 繰 越 商 品	52,000
	繰 越 商 品	51,000	仕　　　入	51,000
支　店	(借) 仕　　　入	40,000	(貸) 繰 越 商 品	40,000
	繰 越 商 品	42,000	仕　　　入	42,000

  (2) 貸倒引当金の設定

本　店	(借) 貸倒引当金繰入	1,000	(貸) 貸 倒 引 当 金	1,000
支　店	(借) 貸倒引当金繰入	500	(貸) 貸 倒 引 当 金	500

  (3) 減価償却費の計上

本　店	(借) 減 価 償 却 費	32,000	(貸) 備品減価償却累計額	32,000
支　店	(借) 減 価 償 却 費	12,800	(貸) 備品減価償却累計額	12,800

  (4) 営業費の未払

本　店	(借) 営 業 費	2,000	(貸) 未 払 営 業 費	2,000
支　店	(借) 営 業 費	700	(貸) 未 払 営 業 費	700

②決算整理後残高試算表

決算整理後残高試算表

借　　方	本　店	支　店	貸　　方	本　店	支　店
現 金 預 金	300,000	220,000	買 掛 金	200,000	111,500
売 掛 金	100,000	50,000	未 払 費 用	2,000	700
商　　品	51,000	42,000	貸 倒 引 当 金	2,000	1,000
備　　品	200,000	80,000	備品減価償却累計額	72,000	28,800
支　店	200,000	—	本　店	—	200,000
仕　　入	400,000	330,000	資 本 金	400,000	—
営 業 費	100,000	56,700	繰越利益剰余金	115,000	—
貸倒引当金繰入	1,000	500	売　上	600,000	450,000
減 価 償 却 費	32,000	12,800			
支 払 利 息	7,000	—			
	1,391,000	792,000		1,391,000	792,000

③合併整理仕訳

　　（借）本　　　　店　　　200,000　（貸）支　　　　店　　　200,000
④繰越利益剰余金の算定

　　　　　繰越利益剰余金：115,000円＋110,000円＝225,000円

　　決算整理後残高試算表の金額に本支店合併損益計算書で算定された当期
純利益11万円を加算して求める。

第22章

連結財務諸表

連結財務諸表制度は，昭和52（1977）年4月以後開始する事業年度から導入され，随時，充実と見直しがなされてきた。親会社と子会社で構成されるグループ（企業集団）を1つの組織体とみなし，親会社がその企業集団の財政状態，経営成績及びキャッシュ・フローの状況を総合的に報告するために作成するものが連結財務諸表である。

連結財務諸表は，基本的には連結会社各社の個別財務諸表を基礎として作成されるため，第21章で見た本支店会計と多くの部分で似た処理を行う。しかし，本店と支店が社内では異なる会計主体であっても法的には同一の法人であるのに対し，親会社と子会社は法的にも異なる法人である。このため，連結財務諸表作成に際しては，子会社の資産と負債の評価，連結会社間の投資と資本及び債権と債務の相殺消去など，本支店会計以上に複雑な処理がいくつか必要になる。

これらの修正・消去の処理は，連結会社を1つの企業集団として財務諸表を作成するために必要となる。これらの処理のうち，本章では連結会計に特有の部分を説明する。

1 連結の範囲

連結財務諸表は，親会社と連結子会社（連結会社）を対象に作成される。連結会計上の**親会社**とは，株主総会など他の会社の財務及び営業または事業の方針を決定する機関（意思決定機関）を支配している企業をいい，支配されている企業を**子会社**という。意思決定機関の支配は形式ではなく実質で決まるが，

本書の範囲では，他の企業の議決権株式の過半数を所有していることとする。親会社は Parent Company の頭文字をとって P 社，子会社は Subsidiary Company の頭文字をとって S 社と呼ばれることもある。

　連結財務諸表は，親会社の会計期間を基礎として，年 1 回の連結決算日に作成される。子会社の決算日が親会社の決算日と異なる場合には，子会社は連結決算日に正規の決算に準じた合理的な手続によって決算を行う。また，同一環境下で行われた同質の性質の取引等に対する会計方針は，原則として親会社と子会社で統一される。本書の学習範囲には影響しないが，決算日や会計方針の調整は実際の連結会計では難しい問題である。

2　支配獲得日における連結会計

　ある企業が子会社となった日（**支配獲得日**）に，親会社は連結貸借対照表を作成する。作成にあたっては，親会社と子会社の個別財務諸表を合算してから，**連結修正仕訳**を行う。

　まず，子会社の資産と負債を，支配獲得日の時価によって評価する方法（**全面時価評価法**）で評価する。子会社の資産と負債の時価による評価額が個別貸借対照表上の金額と異なる場合，その差額（評価差額）は子会社の資本とする。次に，親会社の子会社に対する投資（子会社株式）とこれに対応する子会社の資本を相殺消去する。子会社株式の金額は，支配獲得日の時価であり，子会社の資本は子会社の個別貸借対照表の株主資本，評価・換算差額等と評価差額である。ただし，両者の相殺消去にあたっては，会計上の資産とならない価値と親会社以外の株主の存在も調整しなければならない。

　貸借対照表には，経済的な資源がすべて反映されているとは限らない。子会社の研究開発力や高度な技術力などは，資産・負債としての定義が充足されていない，蓋然性が低い，識別可能性がない，測定が不能であるなどの理由で子会社の貸借対照表には反映されていない。他方，これらの経済的な資源の価値は，子会社株式の時価には反映されているため，両者の金額に不一致が生じ

る。子会社株式の時価が子会社の資本を超えている場合，この差額は，**のれん**として扱う（逆の場合は，**負ののれん**と考える）。

　また，NTTドコモに対する日本電信電話（NTT），ヤフーに対するソフトバンクグループ，ゆうちょ銀行に対する日本郵政のように，子会社に対する親会社の支配が100％ではない場合（完全子会社ではない場合），その子会社には親会社以外の株主が存在する。親会社以外の株主を非支配株主と呼び，子会社の資本のうち，非支配株主に帰属する部分を**非支配株主持分**と呼ぶ。投資と資本の相殺消去にあたり，この非支配株主の持分は相殺消去の対象としない。

　なお，企業集団に複数の子会社がある場合，子会社間における投資と資本の消去についても，親会社と子会社との間の処理と同様の処理を行う。

設例1　（投資と資本の相殺消去①）以下に基づき，神奈川株式会社と横浜株式会社の連結貸借対照表を作成しなさい。

　神奈川株式会社は，横浜株式会社の発行済議決権株式（6,000株）の60％をX1年3月31日（決算日）に1,000円で取得し，横浜株式会社を子会社とした。両社のX1年3月31日現在の個別貸借対照表は下記のとおりである。横浜株式会社の諸資産の時価は4,200円，諸負債の時価は3,000円である。なお，設例1〜設例5は意図的に金額を小さくしてある。

貸借対照表

神奈川㈱　X1年3月31日

諸　資　産	8,800	諸　負　債	2,700
(うち子会社株式 1,000)		資　本　金	1,500
		資本剰余金	600
		利益剰余金	4,000
	8,800		8,800

貸借対照表

横浜㈱　X1年3月31日

諸　資　産	4,200	諸　負　債	3,000
		資　本　金	770
		資本剰余金	30
		利益剰余金	400
	4,200		4,200

解答

連結貸借対照表

神奈川株式会社　　X1 年 3 月 31 日

諸　　資　　産	12,000	諸　　負　　債	5,700
の　　れ　　ん	280	資　　本　　金	1,500
		資 本 剰 余 金	600
		利 益 剰 余 金	4,000
		非支配株主持分	480
	12,280		12,280

　親会社の保有する子会社株式と子会社の資本の相殺消去にあたり，子会社の資本については，時価評価と非支配株主持分に関する調整が必要である。ただし，［設例1］は，基本例題であり，横浜株式会社の資産・負債の帳簿価額と時価が一致しているため，時価評価について考慮する必要はない。横浜株式会社の資本 1,200 円（＝ 770 円＋ 30 円＋ 400 円）には，神奈川株式会社の持分（親会社持分）の他に，非支配株主に帰属する部分が含まれているので，その分を非支配株主持分に振り分ける。具体的には，神奈川株式会社の持分比率が 60％なので，相殺する資本は 60％の 720 円，非支配株主持分に計上するのは 40％相当の 480 円となる。

親会社が 60%支配，非支配株主が 40%の場合

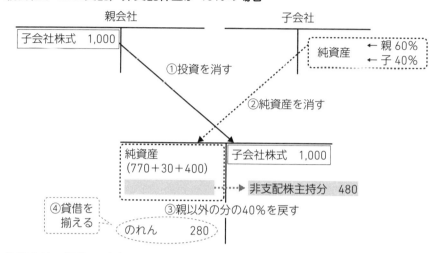

①親会社の投資の消去　　　　　　　　　　　　　　（貸）子会社株式　　1,000

②子会社の資本の消去　　（借）資　本　金　　770

　　　　　　　　　　　　　　　　資本剰余金　　　30

　　　　　　　　　　　　　　　　利益剰余金　　400

③非支配株主分を貸方へ　　　　　　　　　　　　　　非支配株主持分　　　480

　①～③の結果，貸借は一致しない。神奈川株式会社の保有する横浜株式会社の株式は 1,000 円であるが，横浜株式会社の資本は 720 円しか相殺消去されず，非支配株主持分が 480 円生じるため，280 円の差が生じる。この 280 円はのれんとして計上する。

④貸借の差額が借方ならばのれんへ　　　　　　　　の　れ　ん　　　　280

　上記をまとめた次頁の仕訳は，次期以降の連結財務諸表作成の際に開始仕訳として必要となる。

(借) 資 本 金	770	(貸) 子 会 社 株 式	1,000
資 本 剰 余 金	30	非支配株主持分	480
利 益 剰 余 金	400		
の れ ん	280		

設例2 （投資と資本の相殺消去② 子会社資産の再評価と税効果会計）

以下に基づき，愛知株式会社と名古屋株式会社の連結貸借対照表を作成しなさい。

愛知株式会社は，名古屋株式会社の発行済議決権株式の60％をX1年3月31日（決算日）に1,000円で取得し，名古屋株式会社を連結子会社とした。名古屋株式会社の資産のうちに土地（簿価600円）が含まれているが，X1年3月31日における時価は900円であった。名古屋株式会社と愛知株式会社のX1年3月31日現在の個別貸借対照表は下記のとおりである。なお，実効税率は30％とする。

貸借対照表

愛知㈱　　X1年3月31日

諸 資 産	6,400	諸 負 債	3,300
（うち子会社株式 1,000）		資 本 金	2,500
		利益剰余金	600
	6,400		6,400

貸借対照表

名古屋㈱　　X1年3月31日

諸 資 産	1,800	諸 負 債	600
（うち土地 600）		資 本 金	800
		利益剰余金	400
	1,800		1,800

連結貸借対照表

愛知株式会社　　X1 年 3 月 31 日

諸　資　産	7,500	諸　　負　　債	3,900
の　れ　ん	154	繰 延 税 金 負 債	90
		資　本　金	2,500
		利 益 剰 余 金	600
		非支配株主持分	564
	7,654		7,654

　［設例 1］と［設例 2］の違いは，子会社の資産のうちに貸借対照表価額と連結財務諸表作成時の時価が異なるものが含まれている点である。連結貸借対照表作成にあたっては，まず，子会社の資産と負債のすべてを支配獲得日の時価によって評価する方法で評価する。本問の場合，名古屋株式会社の資産と負債を下記のように修正する。借方では土地が 600 円から 900 円へと 300 円増加し，対応して，貸方で評価差額 210 円と繰延税金負債 90 円が発生する。土地 300 円の増加は連結貸借対照表を作成するための擬制であり，一時差異に該当するため，繰延税金負債が発生する。この場合の繰延税金負債は，第 18 章で学習した法人税等調整額に計上される通常の繰延税金負債とは異なり，評価差額から直接控除する。このため，土地の再評価による 300 円の増加から，繰延税金負債の 90 円を控除した 210 円が正味の評価差額となり，これが子会社の資本の一部となる。

　以下，子会社の資本 1,410 円について，［設例 1］と同様に，非支配株主持分への振り替えとのれんの計上を行う。仕訳を示すと以下のとおりである。

(借)	資　本　金	800	(貸)	子 会 社 株 式	1,000
	利 益 剰 余 金	400		非支配株主持分	564
	土　　地	300		繰 延 税 金 負 債	90
	の　れ　ん	154			

[3] 🏃 支配獲得日後における連結貸借対照表の作成
—— 開始仕訳, のれんの償却, 子会社の当期純損益の振り替え, 子会社の配当金の修正

　支配獲得日には連結貸借対照表の作成のみでよいが, その後の毎年度の決算では, 連結貸借対照表の他, 連結損益計算書, 連結株主資本等変動計算書（金融商品取引法適用会社では連結キャッシュ・フロー計算書も）の作成が必要となる。

　毎年度の決算における連結貸借対照表の作成では, 基本的には支配獲得日における手続に加えて, 開始仕訳, のれんの償却, 子会社の当期純損益の振り替え, 子会社の配当金の修正等が必要となる。

①開始仕訳

　連結財務諸表の作成のために行う連結修正仕訳は, 個別財務諸表には反映されていないため, 決算ごとに支配獲得日及び支配獲得日後の前期決算までに行った連結修正仕訳を再び行わなければならない。この仕訳のことを開始仕訳という。開始仕訳は, 支配獲得日及び支配獲得日後に行った連結修正仕訳を再び行うだけである。ただし, 収益及び費用に関する勘定については, 開始仕訳では利益剰余金に置き換えられる。なお, 純資産に属する勘定には, 勘定科目名の後に（期首）や期首残高, ✓などを付しておくと, 連結株主資本等変動計算書の作成に便利である。開始仕訳は年度を重ねるごとに増えていくので, 積み重ねることが求められる。連結第100期の連結財務諸表を作成するならば, 支配獲得日から連結第99期までの連結修正仕訳の合算が開始仕訳となる。

②のれんの償却

　のれんは, わが国の会計基準では, 20年以内のその効果の及ぶ期間にわたって, 定額法その他の合理的な方法により規則的に償却するとされている。実務上は, 経営者が当該企業の実態に合わせて償却期間を判断しなければならないが, 学習上は問題文等から読み取ることができる。

③子会社の当期純損益の振り替え

連結貸借対照表の作成において，子会社の資本を親会社に帰属する部分と非支配株主に帰属する部分とに分けたが，利益剰余金の構成要素である当期純利益についても同様に扱う。具体的には，子会社の個別財務諸表上の当期純利益について，親会社に帰属する部分は親会社の当期純利益と合わせて**親会社株主に帰属する当期純利益**とし，非支配株主持分に帰属する部分は**非支配株主に帰属する当期純利益**とする。

④子会社の配当金の修正

配当は，利益剰余金から支払われる。そのため，上記の開始仕訳や子会社の当期純損益の振り替えと同様に，利益剰余金の減額を親会社に帰属する部分と非支配株主に帰属する部分とに分けることになる（配当には，さらに親子会社間取引の消去という側面もあることに注意する）。

設例3 （支配獲得日後1年目の決算）以下に基づき，神奈川株式会社と横浜株式会社のX1年度（X1年4月1日からX2年3月31日）の連結修正仕訳を行いなさい。

神奈川株式会社は，横浜株式会社の株式の60％をX1年3月31日（決算日）に1,000円で取得し，横浜株式会社を連結子会社とした。両社のX1年3月31日現在の個別貸借対照表は［設例1］に示したとおりである。のれんは支配獲得日の翌年度から10年で均等償却を行うものとする。

X1年度の横浜株式会社の当期純利益は360円，配当金は250円であった。

- -

解答

（借）資　本　金（期首）	770	（貸）子　会　社　株　式	1,000
資本剰余金（期首）	30	非支配株主持分（期首）	480
利益剰余金（期首）	400		

```
の     れ     ん     280
の れ ん 償 却    28      の     れ     ん      28
非支配株主に帰属する当期純利益  144      非 支 配 株 主 持 分   144
営業外収益(受取配当金)  150      利 益 剰 余 金   250
非 支 配 株 主 持 分   100
```

　本問の支配獲得日は，［設例1］と同じであるから，X1年度の開始仕訳は，純資産の部の勘定名の後に「(期首)」と付す以外（付しておいたほうが便利である），支配獲得日の仕訳（［設例1］解説の仕訳）と同じになる。

　　　(借) 資 本 金 (期 首)　　770　(貸) 子 会 社 株 式　1,000
　　　　　 資本剰余金 (期首)　　　30　　　 非支配株主持分 (期首)　480
　　　　　 利益剰余金 (期首)　　 400
　　　　　 の　　れ　　ん　　　 280

　のれんは，10年で均等償却するので，X1年度には28円（280円÷10年）を償却し費用化する。連結貸借対照表上ののれんは残額の252円（280円 − 28円）になる。

　　　　　 (借) の れ ん 償 却　　28　(貸) の　　れ　　ん　　28

　子会社である横浜株式会社の当期純利益360円は，216円（360円×60％）が親会社である神奈川株式会社に，144円（360円×40％）が非支配株主に帰属するため，144円を非支配株主に帰属する当期純利益に振り替える。

　　　　　 (借) 非支配株主に帰属する当期純利益　　144　(貸) 非 支 配 株 主 持 分　144

　そして，横浜株式会社が実施した配当250円のうち，150円（250円×60％）は神奈川株式会社に対するものであり，連結財務諸表上は取引に該当しないため，この部分の消去の仕訳を行う。また，配当金の源泉として減額した利益剰余金のうち40％相当分は非支配株主に帰属するため，利益剰余金から非支配株主持分への振り替えも行う。受取配当金勘定は，個別損益計算書作成時にすでに営業外収益に表示されているため，営業外収益で仕訳を行うと連結財務諸表を作成しやすくなる。

　　　　　 (借) 営業外収益 (受取配当金)　　150　(貸) 利 益 剰 余 金　250

　　　　非 支 配 株 主 持 分　　100

　なお，上記の仕訳は当期の利益剰余金の修正であるため，（期首）等をつけてはならない。（期首）等をつけるのは開始仕訳のときだけである。

設例4　（支配獲得日後2年目の決算）以下に基づき，神奈川株式会社と横浜株式会社の［設例3］後の連結第2期の連結修正仕訳をしなさい。
　X2年度における横浜株式会社の当期純利益は300円，配当金は100円である。

....

解答

（借）資 本 金 （ 期 首 ）	770	（貸）子 会 社 株 式	1,000
資本剰余金（期首）	30	非支配株主持分（期首）	524
利益剰余金（期首）	472		
の 　 れ 　 ん	252		
の れ ん 償 却	28	の 　 れ 　 ん	28
非支配株主に帰属する当期純利益	120	非 支 配 株 主 持 分	120
営業外収益（受取配当金）	60	利 益 剰 余 金	100
非 支 配 株 主 持 分	40		

　支配獲得日後の各決算における手続は毎年ほぼ同じであるが，開始仕訳において収益及び費用に属する勘定を利益剰余金（期首）に置き換えている点で異なる。本問の場合，［設例3］の解答が本問の開始仕訳に該当するが，「のれん償却」，「非支配株主に帰属する当期純利益」，「受取配当金」を「利益剰余金（期首）」で置き換えるため，「利益剰余金（期首）」の金額は400＋（28円＋144円＋150円－250円）＝472円となる。後は［設例3］と同じである。

開始仕訳（借）資 本 金 （ 期 首 ）　　770　（貸）子会社株式　　　　1,000
　　　　　資本剰余金(期首)　　　　30　　　非支配株主持分（期首）*480* 524
　　　　　利益剰余金(期首)　*400* 472
　　　　　の 　 れ 　 ん　*280* 252

184

[4] 🚶‍♂️ 連結会社間取引の消去

　連結会社相互間の取引などは，個別財務諸表には反映されるが，経済実質的に一体である連結財務諸表には反映しない。連結財務諸表は個別財務諸表を基礎に作成するので，個別財務諸表に計上されている連結会社相互間の取引などを相殺消去する処理が必要となる。具体的には，債権と債務（売掛金と買掛金，受取手形と支払手形，貸付金と借入金，未収収益と未払費用，前払費用と前受収益）の相殺消去及び収益と費用（売上高と売上原価，受取利息と支払利息，受取配当金と配当金）の相殺消去と未実現損益の消去などが必要となる。

　これらの基本的な処理方法は，本支店会計の処理と同様であるが，連結会社が振り出した手形の他の連結会社による割り引きを借入金として扱ったり，連結会社を対象として引き当てた引当金を調整したりといった連結会計に特有の処理もある。本書の範囲では，貸倒引当金の金額修正と未実現利益の消去が重要である。

> **設例5**　（貸倒引当金の金額修正）以下に必要な連結修正仕訳をしなさい。
>
> 　石川株式会社は，02年度より子会社の金沢株式会社に商品を販売している。石川株式会社の売掛金のうち，金沢株式会社に関する期末残高は100円である。石川株式会社は毎期1％の貸倒引当金を設定している（本問では税を考慮しない）。
>
> ┄┄┄┄┄┄┄┄┄┄┄┄┄┄┄┄┄┄┄┄┄┄┄┄┄┄┄┄┄┄┄┄┄┄┄┄
>
> **解答**
>
> | （借）買　掛　金 | 100 | （貸）売　　　掛　　　金 | 100 |
> |---|---|---|---|
> | 　　　貸倒引当金 | 1 | 　　　販売費及び一般管理費（貸倒引当金繰入） | 1 |

　個別財務諸表に反映される親会社と子会社の相互の債権債務関係は，連結財務諸表には反映しないため，まず1行目の仕訳で子会社の買掛金と親会社の売

掛金を消去する。

　この売掛金の減額に伴い，売掛金の期末残高に一定率を乗じて計上した貸倒引当金の金額修正も必要になる。本問では，金沢株式会社に対する売掛金期末残高 100 円の 1％相当の 1 円分の貸倒引当金の減額が必要となる。なお，貸倒引当金繰入勘定は，個別損益計算書作成時にすでに販売費及び一般管理費（販管費）に表示されているため，販管費で仕訳を行うと連結財務諸表を作成しやすくなる。

　この［設例 5］は，基本例題として，親会社の売掛金，貸倒引当金，貸倒引当金繰入の修正である。これが子会社の売掛金，貸倒引当金，貸倒引当金繰入の修正であれば，より複雑となる。貸借対照表項目である売掛金と貸倒引当金の修正は親会社と子会社とで同じであるが，損益計算書項目である貸倒引当金繰入・戻入の修正では子会社の当期純利益に影響するため，利益剰余金と当期純利益の修正が必要になるからである。［設例 3］で見た子会社の当期純損益の振り替えと同様に考えればよい。

設例 6　（子会社在庫の未実現利益の消去）以下の商品在庫に関連して必要な仕訳をしなさい。

　三重株式会社は，津株式会社の発行済議決権株式の 60％を取得して子会社としている。三重株式会社は，前年度から津株式会社へ商品販売を開始した。販売は，仕入価格に 10％の利益を付加した価格で行っている。津株式会社は，三重株式会社から仕入れた商品と外部から仕入れた商品の両方を外部に販売している。

　津株式会社の在庫状況は以下のとおりであった。

	期首商品棚卸高	期末商品棚卸高
外部からの仕入分	140,000	120,000
三重株式会社からの仕入分	220,000	198,000

解答

　（借）利益剰余金（期首）20,000　（貸）商　　　　品　20,000

186

商	品	20,000		売 上 原 価	20,000		
売 上 原 価	18,000		商	品	18,000		

　子会社に在庫が存在するのは，親会社が外部から仕入れた商品を子会社に販売はしたが，子会社は外部者に販売していない状況を意味する。個別財務諸表上では，確かに三重株式会社は津株式会社への販売によって利益を得るが，連結財務諸表の前提である経済的実質の観点では，連結会社間で場所が移動しただけであり，まだ利益は実現していない。このため連結会計上は，本支店会計と同様に，内部取引に係る利益額を含む在庫の金額修正が必要になる。

　具体的には，津株式会社の期末在庫198,000円から18,000円（198,000円×$\frac{0.1}{1+0.1}$）の未実現利益を控除する。また，個別財務諸表では売上原価の算定のために，

　　　　（借）仕　　入（期首商品在高）　　（貸）繰越商品（期首商品在高）

　　　　（借）繰越商品（期末商品在高）　　（貸）仕　　入（期末商品在高）

という仕訳をすでに行っているので，連結財務諸表上の売上原価の算定において，期首商品についても未実現利益の消去を行わなければならない。津株式会社の期首在庫220,000円から20,000円（220,000円×$\frac{0.1}{1+0.1}$）の未実現利益を控除することになる。なお，すでに個別損益計算書が作成されているため，連結修正仕訳では「仕入」と「繰越商品」という個別財務諸表上の勘定名称ではなく，「売上原価」と「商品」という連結財務諸表上の科目名称を用いることに留意されたい。

　さらに，連結財務諸表の作成にあたり，開始仕訳も必要である。説明の関係で末尾に述べているが，前期末にも当期末と同様の連結修正仕訳が行われているため，当期首には，費用である売上原価勘定を利益剰余金（期首）に振り替えた上で，この仕訳を再び行うことが必要となる。

設例 7 （親会社在庫の未実現利益の消去）以下の商品関連在庫に関して必要な連結修正仕訳をしなさい。

　親会社である沖縄株式会社は，那覇株式会社の発行済議決権株式の80％を相当前に取得して子会社としている。那覇株式会社は，前年度から沖縄株式会社への商品販売を開始した。販売は，仕入価格に10％の利益を付加した価格で行っている。沖縄株式会社は，那覇株式会社から仕入れた商品と外部から仕入れた商品の両方を外部に販売している。

　沖縄株式会社の在庫状況は以下のとおりであった。

	期首商品棚卸高	期末商品棚卸高
外部からの仕入分	140,000	120,000
那覇株式会社からの仕入分	220,000	198,000

解答

（借）利益剰余金（期首）	20,000	（貸）商　　　　品	20,000
非支配株主持分（期首）	4,000	利益剰余金（期首）	4,000
商　　　　品	20,000	売　上　原　価	20,000
非支配株主に帰属する当期純利益	4,000	非支配株主持分	4,000
売　上　原　価	18,000	商　　　　品	18,000
非支配株主持分	3,600	非支配株主に帰属する当期純利益	3,600

　本問は［設例6］と逆に，子会社である那覇株式会社が親会社である沖縄株式会社に対して販売を行っている。したがって，親会社の在庫のうちに連結会計上の未実現利益が混入しているので，その除去が必要となる。その除去の方法自体は［設例6］と同じである。本問と［設例6］との相違は，子会社の損益勘定に関する修正のために，利益剰余金と当期純利益に対する修正の影響を，親会社株主に帰属する部分と非支配株主に帰属する部分とに振り分ける処理が必要になることである。開始仕訳についても，それぞれ同様の処理が必要である。

　なお，親会社と子会社を上下のように位置づけ，［設例7］のような子会社か

ら親会社への取引をアップストリーム，［設例6］のような親会社から子会社への取引をダウンストリームと呼ぶことがある。

設例8 （非償却資産の売買取引の未実現利益の消去）以下の土地販売に関して必要な連結修正仕訳をしなさい。

　弘前株式会社と青森株式会社は，相当以前から親子会社関係にある。当期中に，弘前株式会社は，青森株式会社に対して，工場敷地（帳簿価額60万円）を90万円で売却した。期末現在，青森株式会社はこの土地を工場敷地として保有し続けている。税は考慮しなくてよい。

(1) 弘前株式会社が親会社，青森株式会社が子会社の場合。
(2) 青森株式会社が親会社，弘前株式会社が子会社の場合。

　なお，(1) (2) 共に，親会社の有する子会社の発行済議決権株式の割合は70%である。

解答

(1) （借）固定資産売却益　300,000　（貸）土　　　　　地　300,000
(2) （借）固定資産売却益　300,000　（貸）土　　　　　地　300,000
　　　　　非支配株主持分　　90,000　非支配株主に帰属する当期純利益　90,000

　これまでの設例と同様，連結会社間の取引の消去と，損益に属する勘定の非支配株主への振り当てが必要である。(2) の場合（アップストリーム）は，当期純利益と利益剰余金について非支配株主に帰属する部分を振り分ける仕訳が必要になる。なお，青森株式会社が外部に土地を売却するまで，決算ごとに開始仕訳が必要である。

［5］ 🏢 連結精算表と連結財務諸表

　連結財務諸表の作成では，**連結精算表**を用いる。連結精算表は，基本的に

は，個別財務諸表を作成する際の8桁精算表と同様である。ただし，連結精算表は，一般に，以下の［設例9］のような5桁であるため，記入の仕方に注意が必要である。

設例9 以下の資料に基づき，連結第2年度（X2年4月1日からX3年3月31日まで）における連結精算表を作成しなさい。なお，連結精算表の（ ）内の金額は貸方金額である（精算表では親会社をP社，子会社をS社としている）。

［資料］

1. 神奈川株式会社は，期末日のX1年3月31日に横浜株式会社の発行済株式総数6,000株のうち60%を1,000千円で新規に取得して支配を獲得し，それ以降，横浜株式会社を連結子会社として連結財務諸表を作成している。X1年3月31日の横浜株式会社の純資産は，資本金770千円，資本剰余金30千円，利益剰余金400千円である。のれんは，支配獲得日の翌年度から10年間にわたり定額法で償却を行っている。

2. 連結第1年度（X1年4月1日からX2年3月31日まで）において，横浜株式会社は，当期純利益360千円を計上し，250千円の配当を行った。

3. 連結第2年度（X2年4月1日からX3年3月31日まで）において，横浜株式会社は当期純利益300千円を計上し，100千円の配当を行った。

4. 連結第2年度より，神奈川株式会社は横浜株式会社に対して商品を販売している。神奈川株式会社の横浜株式会社への売上高は，600千円である。

5. 連結第2年度末において横浜株式会社が保有する商品のうち，神奈川から仕入れた金額は40千円である。神奈川株式会社が横浜株式会社に販売する商品の売上総利益率は25%である。

6. 連結第2年度末における神奈川株式会社の売掛金のうち，横浜株式会社に対するものは100千円である。なお，第2期において横浜株式会社に対する貸倒引当金は設定していない。

連結第2年度　　　　　　**連 結 精 算 表**　　　　（単位：千円）

科　目	個別財務諸表		修正・消去		連結財務諸表
	P 社	S 社	借方	貸方	
貸 借 対 照 表					**連結貸借対照表**
諸　　資　　産	4,231	1,700			
売　　掛　　金	2,500	800			
商　　　　　品	2,000	1,000			
子 会 社 株 式	1,000				
[　　　　　　]					
資　産　合　計	9,731	3,500			
諸　　負　　債	(500)	(990)			
買　　掛　　金	(800)	(900)			
資　　本　　金	(1,500)	(770)			
資 本 剰 余 金	(600)	(30)			
利 益 剰 余 金	(6,331)	(810)			
非 支 配 株 主 持 分					
負債・純資産合計	(9,731)	(3,500)			
損 益 計 算 書					**連結損益計算書**
売　　上　　高	(7,807)	(1,150)			
売　上　原　価	900	800			
販売費及び一般管理費	100	20			
営 業 外 収 益	(100)	(50)			
営 業 外 費 用	200	80			
[　　　　] 償　却					
当 期 純 利 益	(6,707)	(300)			
非支配株主に帰属する当期純利益					
親会社株主に帰属する当期純利益					
株主資本等変動計算書					**連結株主資本等変動計算書**
利益剰余金期首残高	(2,124)	(610)			
配　　当　　金	2,500	100			
親会社株主に帰属する当期純利益	(6,707)	(300)			
利益剰余金期末残高	(6,331)	(810)			
非支配株主持分期首残高					
非支配株主持分当期変動額					
非支配株主持分期末残高					

まず，順を追って必要な連結仕訳を行う。

①連結支配獲得日

(借)	資 本 金		770,000	(貸)	子 会 社 株 式			1,000,000
	資 本 剰 余 金		30,000		非支配株主持分			480,000
	利 益 剰 余 金		400,000					
	の れ ん		280,000					

②第1期末

(借)	資本金（期首）	770,000	(貸)	子 会 社 株 式		1,000,000
	資本剰余金（期首）	30,000		非支配株主持分（期首）		480,000
	利益剰余金（期首）	400,000				
	の れ ん	280,000				
	＋					
	のれん償却	28,000		の れ ん		28,000
	非支配株主に帰属する当期純利益	144,000		非支配株主持分		144,000
	営業外収益(受取配当金)	150,000		利益剰余金		250,000
	非支配株主持分	100,000				

③第2期末

(借)	資本金（期首）	770,000	(貸) 子会社株式		1,000,000
	資本剰余金（期首）	30,000	非支配者株主持分（期首）	~~480,000~~	524,000
	利益剰余金（期首）	~~400,000~~ 472,000			
	の れ ん	~~280,000~~ 252,000			
	~~のれん償却~~	~~28,000~~	~~の れ ん~~		~~28,000~~
	~~非支配株主に帰属する当期純利益~~	~~144,000~~	~~非支配株主持分~~		~~144,000~~
	~~営業外収益(受取配当金)~~	~~150,000~~	~~利 益 剰 余 金~~		~~250,000~~
	~~非支配株主持分~~	~~100,000~~			

192

```
(借) の れ ん 償 却  28,000  (貸) の   れ   ん    28,000
    非支配株主に帰属する当期純利益 120,000      非支配株主持分   120,000
    営業外収益(受取配当金)  60,000      利 益 剰 余 金*  100,000
    非支配株主持分  40,000      (*株主資本等変動計算書では配当金に記入)
```

```
(借) 売    上   高 600,000  (貸) 売 上 原 価  600,000
    売 上 原 価  10,000      商      品   10,000
    買   掛   金 100,000      売 掛 金  100,000
```

　上記のうち開始仕訳は，すでに学習した本章の［設例1］［設例3］［設例4］である。

　次に，連結仕訳を連結精算表の修正・消去欄に記入する。最初に示すものが連結第2期の開始仕訳，次に示すものが連結第2期末の連結修正仕訳である。

　説明にあたり，以下では各々の記入を斜体で記している。

連 結 精 算 表

（単位：千円）

科目	個別財務諸表		修正・消去		連結財務諸表
	P社	S社	借方	貸方	
貸 借 対 照 表					**連結貸借対照表**
諸 資 産	4,231	1,700			
売 掛 金	2,500	800			
商 品	2,000	1,000			
子 会 社 株 式	1,000			1,000	
[の れ ん]			252		
資 産 合 計	9,731	3,500			
諸 負 債	(500)	(990)			
買 掛 金	(800)	(900)			
資 本 金	(1,500)	(770)	770		
資 本 剰 余 金	(600)	(30)	30		
利 益 剰 余 金	(6,331)	(810)			
非 支 配 株 主 持 分					
負債・純資産合計	(9,731)	(3,500)			
損 益 計 算 書					**連結損益計算書**
売 上 高	(7,807)	(1,150)			
売 上 原 価	900	800			
販売費及び一般管理費	100	20			
営 業 外 収 益	(100)	(50)			
営 業 外 費 用	200	80			
[ ] 償 却					
当 期 純 利 益	(6,707)	(300)			
非支配株主に帰属する当期純利益					
親会社株主に帰属する当期純利益					
株主資本等変動計算書					**連結株主資本等変動計算書**
利 益 剰 余 金 期 首 残 高	(2,124)	(610)	472		
配 当 金	2,500	100			
親会社株主に帰属する当期純利益	(6,707)	(300)			
利 益 剰 余 金 末 残 高	(6,331)	(810)			
非支配株主持分期首残高				524	
非支配株主持分当期変動額					
非支配株主持分期末残高					

連結第2年度　　　　　　　　**連 結 精 算 表**　　　　　　　（単位：千円）

科目	個別財務諸表		修正・消去		連結財務諸表
	P社	S社	借方	貸方	
貸 借 対 照 表					**連結貸借対照表**
諸　　資　　産	4,231	1,700			
売　　掛　　金	2,500	800		100	
商　　　　　品	2,000	1,000		10	
子 会 社 株 式	1,000			1,000	
［　の れ ん　］			252	28	
資　産　合　計	9,731	3,500			
諸　　負　　債	(500)	(990)			
買　　掛　　金	(800)	(900)	100		
資　　本　　金	(1,500)	(770)	770		
資 本 剰 余 金	(600)	(30)	30		
利 益 剰 余 金	(6,331)	(810)			
非 支 配 株 主 持 分					
負債・純資産合計	(9,731)	(3,500)			
損 益 計 算 書					**連結損益計算書**
売　　上　　高	(7,807)	(1,150)	600		
売 上 原 価	900	800	10	600	
販売費及び一般管理費	100	20			
営 業 外 収 益	(100)	(50)	60		
営 業 外 費 用	200	80			
［のれん］償却			28		
当 期 純 利 益	(6,707)	(300)			
非支配株主に帰属する当期純利益			120		
親会社株主に帰属する当期純利益					
株主資本等変動計算書					**連結株主資本等変動計算書**
利益剰余金期首残高	(2,124)	(610)	472		
配　　当　　金	2,500	100		100	
親会社株主に帰属する当期純利益	(6,707)	(300)			
利益剰余金期末残高	(6,331)	(810)			
非支配株主持分期首残高				524	
非支配株主持分当期変動額			40	120	
非支配株主持分期末残高					

修正仕訳の記入後は加減算だけである。

個別財務諸表の8桁精算表と異なる点は，個別財務諸表の貸方が（　）表記になっているので，修正記入においては，資産と費用は修正・消去欄の借方が＋，貸方が－，負債・純資産・収益は貸方＋，借方－で計算する。本問では省略しているが，資産の控除科目（貸倒引当金や減価償却累計額）は貸方＋，借方－となる。なお，連結精算表の作成にあたっては，決算整理の手順と同様，連結損益計算書の当期純利益の算出が先となる。当期純利益から繰越利益剰余金への振り替えを行うことになる。計算を行う際には，連結損益計算書，連結株主資本等変動計算書，連結貸借対照表の順に作成するとよい。

(1) 連結損益計算書

連結第2年度　　　　　　　　　　**連 結 精 算 表**　　　　　　（単位：千円）

科　目	個別財務諸表		修正・消去		連結財務諸表
	P社	S社	借方	貸方	
損　益　計　算　書					**連結損益計算書**
売　　上　　高	(7,807)	(1,150)	600		(8,357)
売　上　原　価	900	800	10	600	1,110
販売費及び一般管理費	100	20			120
営　業　外　収　益	(100)	(50)	60		(90)
営　業　外　費　用	200	80			280
［ の れ ん ］ 償 却			28		28
当　期　純　利　益	(6,707)	(300)	698	600	(6,909)
非支配株主に帰属する当期純利益			120		120
親会社株主に帰属する当期純利益			818	600	(6,789)

(2) 連結株主資本等変動計算書

連結損益計算書末尾の親会社に帰属する当期純利益の修正・消去欄の金額を

連結株主資本等変動計算書の親会社株主に帰属する当期純利益に書き写してから計算する。

連結第2年度　　　　　　　　**連 結 精 算 表**　　　　　　（単位：千円）

科　目	個別財務諸表		修正・消去		連結財務諸表
	P社	S社	借方	貸方	
親会社株主に帰属する当期純利益			818	600	(6,789)
株主資本等変動計算書					**連結株主資本等変動計算書**
利益剰余金期首残高	(2,124)	(610)	472		(2,262)
配　当　金	2,500	100		100	2,500
親会社株主に帰属する当期純利益	(6,707)	(300)	818	600	(6,789)
利益剰余金期末残高	(6,331)	(810)	1,290	700	(6,551)
非支配株主持分期首残高				524	(524)
非支配株主持分当期変動額			40	120	(80)
非支配株主持分期末残高			40	644	(604)

（3）連結貸借対照表

　最後に連結貸借対照表を作成する。連結株主資本等変動計算書の利益剰余金期末残高と非支配株主持分期末残高の金額を，連結貸借対照表に書き写す。

| | 親会社株主に帰属する当期純利益 | (6.707) | (300) | 818 | 600 | (6,789) |

利益剰余金期末残高	(6,331)	(810)	1,290 ⌐	700 ⌐	(6,551)
非支配株主持分期首残高				524	(524)
非支配株主持分当期変動額			40	120	(80)
非支配株主持分期末残高			40	644	(604)

連結第2年度　　　　　　**連 結 精 算 表**　　　　　　（単位：千円）

| 科目 | 個別財務諸表 | | 修正・消去 | | 連結財務諸表 |
	P社	S社	借方	貸方	
貸 借 対 照 表					**連結貸借対照表**
諸　　資　　産	4,231	1,700			5,931
売　　掛　　金	2,500	800		100	3,200
商　　　　　品	2,000	1,000		10	2,990
子 会 社 株 式	1,000			1,000	
［ の れ ん ］			252	28	224
資　産　合　計	9,731	3,500	252	1,138	12,345
諸　　負　　債	(500)	(990)			(1,490)
買　　掛　　金	(800)	(900)	100		(1,600)
資　　本　　金	(1,500)	(770)	770		(1,500)
資 本 剰 余 金	(600)	(30)	30		(600)
利 益 剰 余 金	(6,331)	(810)	1,290←	700←	(6,551)
非 支 配 株 主 持 分			40←	644←	(604)
負債・純資産合計	(9,731)	(3,500)	2,230	1,344	(12,345)

（1）〜（3）をまとめると解答となる。

連結第2年度　　　　　　　　**連 結 精 算 表**　　　　　　　（単位：千円）

科目	個別財務諸表		修正・消去		連結財務諸表
	P 社	S 社	借方	貸方	
貸　借　対　照　表					**連結貸借対照表**
諸　　資　　産	4,231	1,700			5,931
売　　掛　　金	2,500	800		100	3,200
商　　　　品	2,000	1,000		10	2,990
子 会 社 株 式	1,000			1,000	
[　の れ ん　]			252	28	224
資　産　合　計	9,731	3,500	252	1,138	12,345
諸　　負　　債	(500)	(990)			(1,490)
買　　掛　　金	(800)	(900)	100		(1,600)
資　　本　　金	(1,500)	(770)	770		(1,500)
資 本 剰 余 金	(600)	(30)	30		(600)
利 益 剰 余 金	(6,331)	(810)	1,290	700	(6,551)
非 支 配 株 主 持 分			40	644	(604)
負債・純資産合計	(9,731)	(3,500)	2,230	1,344	(12,345)
損　益　計　算　書					**連結損益計算書**
売　　上　　高	(7,807)	(1,150)	600		(8,357)
売　上　原　価	900	800	10	600	1,110
販売費及び一般管理費	100	20			120
営 業 外 収 益	(100)	(50)	60		(90)
営 業 外 費 用	200	80			280
[　の れ ん　] 償却			28		28
当 期 純 利 益	(6,707)	(300)	698	600	(6,909)
非支配株主に帰属する当期純利益			120		120
親会社株主に帰属する当期純利益			818	600	(6,789)
株主資本等変動計算書					**連結株主資本等変動計算書**
利 益 剰 余 金 期 首 残 高	(2,124)	(610)	472		(2,262)
配　　当　　金	2,500	100		100	2,500
親会社株主に帰属する当期純利益	(6,707)	(300)	818	600	(6,789)
利 益 剰 余 金 期 末 残 高	(6,331)	(810)	1,290	700	(6,551)
非支配株主持分期首残高				524	(524)
非支配株主持分当期変動額			40	120	(80)
非支配株主持分期末残高			40	644	(604)

索 引

【編著者紹介】

吉見　宏（よしみ・ひろし）第1, 2, 19章
　北海道大学大学院経済学研究院教授　〔博士（経営学）〕

【執筆者紹介】（五十音順）

岡野　泰樹（おかの・たいき）第10, 17, 20章
　北海道大学大学院経済学研究院准教授　〔博士（経営学）〕

鈴木　翔（すずき・しょう）第11, 13, 21章
　新潟経営大学経営情報学部講師　〔会計修士（専門職）〕

角田幸太郎（すみた・こうたろう）第5, 6, 15章
　熊本学園大学大学院会計専門職研究科准教授　〔博士（経済学）〕

檜山　純（ひやま・じゅん）第8, 9, 18, 22章
　札幌学院大学経営学部准教授　〔博士（経営学）〕

村上　理（むらかみ・おさむ）第4, 7, 16章
　跡見学園女子大学マネジメント学部講師　〔博士（経営学）〕

吉見　明希（よしみ・あき）第3, 12, 14章
　北海道情報大学経営情報学部講師　〔博士（経営学）〕

2020年6月30日　　初版発行　　　　　　　　　　略称：吉見簿記

基本　企業簿記

編著者　Ⓒ 吉　見　　宏

発行者　　中　島　治　久

発行所　同 文 舘 出 版 株 式 会 社
　　　　東京都千代田区神田神保町1-41　　〒101-0051
　　　　営業（03）3294-1801　　編集（03）3294-1803
　　　　振替 00100-8-42935　　http://www.dobunkan.co.jp

Printed in Japan 2020　　　　　　　DTP：マーリンクレイン
　　　　　　　　　　　　　　　　　印刷・製本：萩原印刷

ISBN978-4-495-21003-8